亲密关系 [续篇]

无拘无束的关系

全新修订版

［加］克里斯多福·孟 著

吴玲 译

湖南文艺出版社
HUNAN LITERATURE AND ART PUBLISHING HOUSE

博集天卷
CS-BOOKY

新版序

不久前，为了宣传《亲密关系续篇：无拘无束的关系》这本书，我做了一次公开演讲。有听众提问："我为什么要买这本书呢？它跟市面上其他讲亲密关系的书有什么不一样？"起初，我想说，我这本书比其他很多书都风趣幽默。不过，很多人并不在乎这个。大多数阅读亲密关系相关书籍的人，都是为了寻求严肃的指导和洞见，而不是为了哈哈大笑。

接着，我想到我的书里有不少炫酷的模型。有些模型是我从其他心理学著作里借鉴过来的，还有一个模型是我自己创造的。这些模型阐明了常见的亲密关系陷阱，也介绍了如何摆脱这些陷阱。不过我知道，虽然它们很炫酷，但在书中加入它们是为了传达一则更重要的讯息。因此，我意识到，我能给出的最佳答案是："我写这本书是为了向自己和读者发起挑战——勇敢面对自己关于亲密关系含义和目的的信念，勇敢面对关于'我们是谁'和'我们为何在此'的信念。这本书讲的是你，讲的是你最重要的亲密关系是完美的设计，是为了帮你认识你的本来面目。"

我不知道这个回答能不能让那位听众满意，还是说，这个回答会让她困惑不已，不知道接下来该问什么才好。不过，我对自己说的这番话相当满意。与写给普罗大众的《亲密关系：通往灵魂的桥梁》不同，《亲密关系续篇：无拘无束的关系》是写给像我和我的妻子一样，愿意看见自己的信念基石受到撼动的人。我和素梅真正遭遇此事的时候，它使我们质疑了我们在一起的目的，引导我们进行了迄今为止最深刻的内省，也使我们了解了"无拘无束的关系"（它是一种真正的伴侣关系）的本来面目。当我写下这句话的时候，我们还处于探索的过程中，还在勇敢面对自己的信念——关于万事万物的信念！

通过探索，我们意识到，我们给彼此施加了巨大的负担，期望对方成为自己的幸福源泉。我们会指责和评判对方，认为对方是造成自己不幸福的根源，并不断试图改变对方，或是希望对方自行做出改变。最终，通过审视这些期望、指责和评判，我意识到了自己一直怀有的基本信念：我深信自己不够出色，因此需要伴侣为我证明我的价值。如果她说某些话、做某些事，会让我觉得自己很重要、有价值，我就会感觉自己十分特别；而如果她的行为方式恰恰相反，那么我的信念就会被强化，让我更加确信自己不够出色，没有任何特别之处。

我花了很多年的时间应对这种信念，试图改造它，用更好的信念取代它，甚至试着治愈所有会巩固它的童年时期和青少年时期的创伤。但我从未停止过寻求伴侣的认可，从未停止过期望她成为我的终极幸福源泉。这完全源于一个"核心"信念：我这个人本身不够出色。因此，改变我的这个信念是我伴侣的责任，也必须是她的首要任务。

在担任咨询师和工作坊导师的三十多年里，我亲眼看到这种信念引起了亲密关系中的无数冲突、争吵乃至不愉快的分手。它甚至导致伴侣之间出现了丑恶的争执和暴力行为。而就在不久之前，他们还声称会永远深爱对方，认为这段感情会亘古不变。很多人试图修复、治愈、改造或是"改善"自己的亲密关系，同时又避免直面一文不值的感觉。正是一文不值的感觉促使人们不断试图证明自己的价值。超过三十年的婚姻生活和超过三十五年的生命教练和咨询师经历，一次又一次地让我意识到：相信自己一文不值，正是造成亲密关系不幸最重要的因素。

如果不愿勇敢面对这种信念，不肯承认它是谎言（通过看见超越信念的真相），你为了构建和谐亲密关系所做的一切努力就都是白费。

无论你阅读再多的书籍，无论它们讲的是如何有效沟通、重新点燃亲密关系中的浪漫情愫、学习爱并接受你的伴侣，还是如何让你的伴侣爱你，无论那些书里的信息多么有价值，在通过你信念的"过滤网"时，它们要传达的讯息都会受到削弱。

正如前面提到的那样，我写这本书是为了向所有人发起挑战，向所有希望逃出亲密关系的牢笼、体验真正自由的人发起挑战。但只有当我们意识到，导致我们身陷情感囹圄的不是伴侣，而是自己的信念时，我写本书的目的才能达成。因此，如果你愿意探索"300％的亲密关系"①的妙处，我希望你能从这本书中得到一些启发。哪怕得不到，我希望它至少能让你露出微笑，因为我试图通过写作将发言权交到你手上。非常感谢！

---

① 300％的亲密关系：100％坦诚 +100％责任感 +100％愿意看见超越信念的真相。——作者注

序言
Preface

　　我写这本书是为了支持你去直接体验——你实际上就是那份真正的快乐。本书也能帮你认出你的配偶、孩子、父母、手足和亲近朋友所扮演的重要角色；他们都在帮你了解你自身的真相。我会在书中分享，你的核心关系是如何支持你，使你可以**直接体验**到：

- 你真正是谁，你的本质是什么
- 你的伴侣真正是谁，其本质是什么
- 你的人生目的
- 真正的、无条件的快乐
- 越来越深地感受到敬畏、爱与感恩
- 伴侣关系中的和谐、顺流
- "无条件的爱"
- 情绪成年

"情绪成年"注释：

我在杰德·麦肯纳（Jed McKenna）的书中首次读到这个词，比起更常用的"情绪成熟度"和"情绪智力"或"情商","情绪成年"这个说法更深地打动了我。当我十一二岁的时候,我注意到,虽然人们的身体和心智成长了,但情绪的成长却似乎不能与日俱进,或者跟不上身体的发育。我经常看到父母处理关系问题和冲突时,表现得像孩子一样。然后,到我结婚时,我更加觉察到,我对不适感、伤痛和刺激的反应很幼稚——伴侣关系和亲子关系是特别能引发这些感觉的。我发觉,当我用退缩、语言攻击、被动攻击表达愤怒时,这些表达方式只是比我四岁时的略微复杂,但情绪反应大致上维持不变。耍脾气就是耍脾气。我感到受伤了就会发飙,自己觉得不舒服便怪到别人头上。因为在大众面前,我展现的是关系咨询师的形象,希望自己能言行一致,所以我很认真地面对关系中的不适感,争取做个更好的丈夫、父亲、儿子、兄弟和朋友。

我婚前就有各种灵性追求,此外我又花了十八年,致力于个人成长、灵性 / 心理疗愈、自我改善、提升情商、冲突解决、转化性沟通,以及简单的婚姻咨询。

最终,我得到的启示令人沮丧:成长可真是件苦差事!虽然我可以意识到我的生活质量在某个程度上有些改善,但在情绪上只是从六岁提升到八岁男孩的水平,我离成年还差得太远。我用了不下百种方法来重新定义并梳理自己的感觉,得出了一个结论:我就是不喜欢感觉脆弱。痛苦是敌人,似乎让我感觉痛苦的人在我面前都像对头。这么说吧,如果配偶还有一件事干得挺像样的话,就是让你觉察到自己的脆弱——你的弱点、不安全感、恐惧,以及情绪不舒服的方方面面。你的孩子、父母、兄弟姐妹也能带来同样的效果……基本上,与你有关系的每个人都行。

然后，有一天当我醒来，我意识到，成为情绪成年人，意味着要理解究竟什么是感觉。因此，下一次不适感浮现时，我放下了惯性，不再设法修补、疗愈、转化感觉，或用正面肯定语、灵性肯定语来掩盖感觉；不管我体会到了什么感觉，就简单地去接受。正是在这个时候，我明白了什么是真正的"过程"。

过程： 这个词会在全书各处出现，这是成为情绪成年人、转化关系的重要工具。当不适感升起时，你去接受而非拒绝，便可以体会到感觉是种能量模式，在体内以动觉感受的形式呈现出来。其实痛只有一种，只是根据发生的部位、强度和持续时间，有不同的阐释罢了。因此，你有了多种体验——嫉妒、悲伤、关节炎、偏头疼——痛都一样，只是背后的故事各不相同。你有许多亲密关系的故事，情节大致相同：你的伴侣似乎让你受伤、难过、生气或者发怒了，这都会让你觉得有些痛苦或不舒服。通过超然的观察，我们便能看见痛是种被搅动起来的能量，随着觉知增强，似乎变得越来越平静；随着觉知增强，我们能发觉，痛其实是本质的喜悦而平和的能量；而本质，即我们的自然状态，是不可思议的天才，充满了创造力、直觉和爱意。在本质之外，存在的只有那妙不可言的（道），体验和体验者之间的分离消失了。接受感觉并直接体验藏在感觉背后的东西，就是过程，你的关系给你提供的机会，就是走过程。

本书的目的与你重要关系的目的一致，就是帮助你去直接体验到真正的你——那无与伦比的存在。日常生活中，随着你不断地扩展觉知，了解自己是谁，你会越来越欣赏你的伴侣、孩子、父母、兄弟姐妹，以及生命中所有的人；你会日复一日地看到：你的生活是真正富足的！本书会带你走一趟改变人生的旅程，希望你喜欢。祝一路顺风！

◎无拘无束的关系的原则

本书经过精心编排，您无须按章节顺序阅读。下面总结了各章的原则，您可以选择最吸引您的章节，从那里开始读起：

1. 我的伴侣不是我快乐的来源；我才是。

2. 我的伴侣不是我不快乐或痛苦的起因。

3. 无论我多努力，我都没法改变我的伴侣。

4. 关系中的问题只是故事而已。

5. 特殊性不是爱。

6. 我的伴侣支持我在接纳、觉知和欣赏方面成长。

7. 我和伴侣各有一艘自己的船。

8. 与伴侣的沟通反映了情绪成熟度和意识状态。

◎补充原则

我就是自己一直在寻找的那个人。

推荐序一
与自己的灵魂亲密接触

如果要问，在我灵性成长的旅途中，对我影响最大的一位老师是谁，我可能会说是克里斯多福老师。在刚入门的时候，他的课程就让我大开眼界，深深折服。后来我们成为朋友，在寻求灵性解答的过程中，他提供了很多指引，介绍了许多好书给我，他始终走在我的前面。对我而言，他不是那种高不可及的上师，他有血有肉，有悲有喜，是个凡人。但他的自我回观反省时的诚实和勇气，是我见过所有灵性老师里面无有可比的。

他上一本新作《重新发现自我》，就是他自己一路跌跌撞撞走来的心路历程，而这次的《亲密关系续篇：无拘无束的关系》，是他成名作《亲密关系——通往灵魂的桥梁》的续篇。相较之下，这本书表达的概念是终极的，却从最引人心动的"亲密关系"这个话题着手，期盼迷失在情感中的男女，能够借由亲密关系的痛苦而踏上回归自己灵性真我的道途。

我想，书中提出最颠覆的观点，就是："你的伴侣不是你快乐的来源或痛苦的起因，你自己才是。"克老师更指出："你的伴侣不偏不倚地扮演最适当的角色，好让你学着去体会，真正的你是谁。"这听起来真的匪夷所思，所幸，克老师语言温柔中带着力量，娓娓道来，抽丝剥茧地为我们解开谜题。同时本书也有一些案例，并且穿插了问答的方式，常常问出读者的心声，再由他慢慢解释缘由。我非常喜欢这种写作方式，尤其是在阐述比较抽象、难理解的概念时，这样的呈现，真的活泼又易懂。

克老师的写作表达技巧在本书中也令人惊艳，比方说，为了要阐明需求的本质到底是什么，他举了一个例子，说明我们对食物的生理需求以及对爱和快乐的情绪需求是相似的，两者都会使我们把别人当作满足感的来源，这个比喻让我很受启发。我们都误以为快乐和爱的来源应该是在外面，这是所有痛苦烦恼的源头。生理需求确实存在，但快乐和爱，永远都是我们内在本自具足的。

于是，克老师谆谆善诱地让我们看见，为了从伴侣身上寻找快乐，我们真是铆足了劲、全力以赴，用各种手段操控、需索，甚至导致强迫、上瘾等行为。我以前读到《爱得太多的女人》这本书的时候，就觉得说出了亲密关系里面的关键问题，但克老师的论点更加深入，到了灵魂的层次，让我们看见，误以为自己是不完整的，是一切问题的起因。

书中一步步地带领我们，运用"走过程"这个工具，把我们的信念系统重置，让我们学会认出自己的感觉，并且放松接纳它，然后用接纳、觉知和欣赏这二种品质，去转化我们的亲密关系。我虽然上过很多克老师的课，但还是觉得阅读这本书的过程非常兴味盎然，有温故而知新的感受。其中，最著名的"故事囚牢"，更是被克老师用一个鲜活的故事阐述得淋漓尽致，读起来非常过瘾，我甚至想，如果把这本书的内容和情节搬到话剧舞台上，应该会非常好看。

所以，这是一本内容丰富、深入浅出的好书。虽然克老师谦虚地说，它不是亲密关系的指导手册，但我觉得，如果能够学习、运用本书阐述的一些实用工具，那么，你的亲密关系一定会有大幅的长进。而对于真正想要与自己灵魂亲密接触的人来说，本书也是一本最好的修行指南。毕竟，谁没有亲密关系的问题呢？从这里入手，动力最大，也最容易上手。

祝福大家阅读愉快、收获满满！

张德芬

推荐序二
体验自我的存在

当我带着赞叹读完此书，就为克老师对关系哲理深邃的智慧洞见，以及对生命实相深刻的体证领悟而深深折服。他对伴侣关系细致入微的精准解读，风趣幽默而极其生动地还原了当代各种互动关系的真实情境。我们在关系中充斥着条件和期待，在关系中寻求着自己的特殊性和重要性，却也在关系中经常卡住，而无法流畅地互动，并带来不同程度的不适感（痛苦）；当我们想更顺利和谐地处理各种事情时，却发现一切事情都在关系之中；当我们不断渴求更快乐的生活却总是事与愿违，是时候，要在克老师的书中得到一份全新的领悟了。

非常喜欢本书采用了令人耳目一新的问答式新颖行文，精彩解析了当代情感男女在亲密关系中面临的种种困惑，让我们去看见和突破"我不够好""我不够完整""我不配得"等局限着我们并隐藏得很深的那些信念，去卸下防卫系统，去放下评判，从而回归持续的不依赖外物的"真正快乐"，遇见自己真实的本来面目，体验那妙不可言的纯粹存在。

的确，关系中的问题只是故事而已。本书从超越个人性的视角，回到更本质和更恢宏高远的生命体验的原初目的，指出故事之所以存在，是为了支持一种人类体验。我们对事件产生好坏的感觉和评判，并通过自己的故事来定义一切。一旦我们理解了这个洞悉真相的惊人视角，将非常有助于我们加速自己的"情绪成年"，书中也给出了非常实用而落地的练习方法。我们将直面并接受各种不舒适的感觉，接受感觉本身并直接体验藏在感觉背后的东西，去充分经验关系给你带来的成长机会，这正是本书最为精彩独到的"走过程"。

的确，所有的情境都是中性的。本书让我最为赞叹的观点是，我们可以用走过程的方式，去接纳和转化所有的不适感，把痛苦的感觉和评判阻抗的受苦状态一并消融。全新地看待情境，并正向调整我们对事件的回应，从无意识地排斥，到有意识地接纳，你将更好地支持到伴侣、孩子和所有重要关系中的人，并真正看见和尊重他们生命的本质。这是一个多么伟大而动人的时刻，彼此互相看见对方的本质，你不再只是想"改变"你的伴侣，而是通过彼此的成长去自然地达成更和谐的关系状态。这也将有助于带领我们从当前的状态中觉醒，并在接纳、觉知和欣赏三个重要品质上获得扩展和成长。

睿智的克老师通过本书，带领读者不知不觉走过了一趟改变人生的旅程。我仿佛看见温暖大爱的克老师的人生历程跃然纸上。在他的引领下，你会发觉你不是那个有限的微不足道的个体，也不是那个自以为的心智、情绪、身体的综合存在，你将更多地体验到，你就是那个无与伦比的存在，你就是那个无所不能无处不在的道和临在本身，而且一直如此。

在感动震撼和心生敬爱之余，我体会到他是如此怀揣着对创造和智慧的源头，那满满的感恩、敬畏与爱。他真诚质朴且毫无保留地分享着自己此生的生命体验，以及在亲密关系中的成长智慧，还有他对于临在和空性智慧的经验。他总是饱含着欣赏之情，赞美着生命的壮丽辉煌和人类旅程完美的惊人设计。不得不说，这是一本非常值得深入研习的关系指南，你一定会收获满满！来，让我们一起走一趟成长的过程吧！

詹唐宁

墨尔大学创始人

美康辰 / 易新书院创始人

NGO 组织"守护大地"绿色联盟发起人

目录
Contents

第一章
Chapter 1

只要……
我就心满意足了

原则 #1：
我的伴侣不是我快乐的来源；我才是。

有一天，我在主持工作坊时，一位女士谈起了她和男朋友之间的问题。其实，问题是对方不想再当她的男朋友了，她忧心如焚，淹没在一堆被遗弃、不配得和心碎的感觉中；她认为对方背叛了自己，失望透顶。有一小阵子，她谈到，她觉得自己没人要，非常不讨人喜欢，并举例说明了自己的毛病和缺点。然后她接着说，她多么需要对方给她价值感。按她的说法，对方真的是个很棒的男人——外表英俊、身体强壮、有经济实力，还特别风趣幽默。她期望男人拥有的一切特质，对方都具备了。

我接下来讲的话，真的是脱口而出，连自己都控制不住。

"他为什么要跟你在一起呢？"

"你是什么意思？"她问道，因为这直截了当的挑战而目瞪口呆。

"我的意思是，他是这么完美的男人，你又一直跟我们讲，你是这么软弱、没用、不可爱的女人，"我说道，"他为什么要跟你在一起呢？"

那时，我是个年轻的工作坊老师，在关系咨询领域也还是新手，所以我整体的手法都不太严谨。尤其在用"为什么"这个字眼时，我很不小心——人们在脆弱状态时，常常会觉得"为什么"是种挑衅，缺乏慈悲和理解。不过，我的问题真的触发了这位学员，她狠狠啜泣了一番后，承认自己把这个男人捧得太高，而这种态度往往会让人贬低自己，感觉自己很渺小、微不足道。她承认，她有一些关于自身的信念，而且信念扭曲了她对潜在伴侣的看法；然后，她意识到，这个剧本在她四十二年的人生中，已经上演了不下十次。

这个故事表明，人类拥有一个共同的信念，而且当今几乎所有的亲密关系，都笼罩在这个信念的阴影下："我不完整，也不够好，我需要外在的某人某事，让我变完整，让我成为更好的人。"这个信念又会被其他信念强化，如："我必须找到那个能让我完整的人"以及"我必须要做点什么，来赚取让我完整的东西"或者"我必须证明，我配得上我所需要的爱和快乐，这样我才感觉完整"，等等。所有这些说法都与真相截然相反。

一般而言，人类似乎要花很长时间才会意识到，没有人有能力使他们快乐。即使失望频频，我们还是会继续尝试，要让别人说什么或做什么，只要能把快乐和完满的体验转移到我们身上，好让我们变得完整就行。即便对伴侣无数次地失望，也不一定会带来智慧与理解——但是一旦明白了，这些智慧与理解似乎是显而易见的。相反，我们在所谓的唯一真爱身上尝试多次，均以失败告终，此后会得出完全不同的结论——我们断定，我们只是选错了伴侣！我们不去质疑这个信念，即外在的某人某物是我们快乐的关键，也不去探究这个信念对自己到底是谁有什么样的含义。反之，我们要么接着向外追寻，要么坠入气馁和绝望——两者都在强化这个信念。无论哪种方式，我们对真相依然视而不见。

你就是你一直在寻找的爱和快乐。

为了更充分地体验这句话，我邀请你，去直面你对关系目的和关系动力的信念，并质疑这些信念的有效性，把这看作"离开羊群"。如果你细细思考亲密关系的信念，你会注意到，虽然这些信念可能是从上几代人那里演化而来，但基本的信条都大同小异，而且一向如此：

"我们俩——你和我——结婚了，或是处于一段彼此承诺的关系中。这意味着你现在属于我，也进一步意味着，你必须满足我的要求，好让我有重要感、归属感、安全感，还有个人的力量感。你有我需要的东西，你一定要给我。你要对我的快乐和自我的感觉负责。"

这些语句，是否与你的关系信念相吻合？如果是，你可能也认识到，它们具有普遍性。实际的用语可能不一样，但表达出的潜在需求和不完整感，几乎每个地球人都能感同身受。我们就像一大群羊，盲目地跟随着信念——信念告诉我们该如何满足对重要性和归属感的需求。直到一只羊离群了，不然我们甚至都意识不到，这些需求本身仅仅是信念，并非真相！

我在想，那个提出"跳出框框思考"的人是否想到了：他（她）是在建议我们停止使用智力，而转向我们的直觉来寻求指引和启示。无论这是否为其原意，我建议我们可以使用这句谚语，来开始质疑我们信以为真的每个关于关系的假设，可以从以下问题开始：

别人的行为或语言能使你感到真正的快乐吗？

让我阐明"真正的快乐"这个词组。当我使用这一词组的时候，我是在描述一种不依赖于任何条件而存在的体验。否则，我们谈论的就是有赖于满足某些特定条件才能有的感觉，因此只有条件还在的时候，感觉才能持续。这类快乐是有条件的、变化无常的，因此准确来讲不能被称为"真正的快乐"。无条件的快乐就是无条件的，然而我们为自己设定的几乎所有目标——灵性的、物质的或情感的——都在加强一个信念，那就是，只有满足了特定条件后才能获得快乐：

"除非我找到唯一的真爱，否则我没法快乐。一定要挣到一千万美元我才满意，少一分都不行。我知道还有这么多人在受苦，我怎么能感到高兴呢？除非我知道我孩子经济上有保障，否则我没法心平气和"，等等。

◎ 期望过载

当你琢磨无条件的快乐的意义时，你会看到你一直努力想从伴侣那里获得的，是一种无常的体验，比如安慰、感情、保证、鼓励、宽慰，或身体的愉悦，而我们把每一项都称为"爱"。下面两句话是我在自己的工作坊中听到的例子。表面上这些话听起来可能很有道理，要求也不高，但细审一番，你会发现，里面充满了没有挑明的期望：

"我对老公要求得不多，我只想要一个拥抱。"

"我不指望我老婆一天到晚都让我快乐，我只想让她别理我，给我留一点空间。"

我们逐一检查每个案例，对话是这么进行的。

"我对老公要求得不多，"一位女学员说道，"我只想要一个拥抱。"

"你是说他从来不抱你吗？"我问道。

"抱过的，但他最近抱得不怎么多。"

"但有时，他确实有抱你的。"

"抱是抱，但他抱我的方式不对。"

"什么是对的方式？"我问道。

"我只想让他表明他是在乎的！"

"那他怎么抱你，才能表明他在乎呢？"

"你知道我什么意思，"她语气坚定地说，"我想让他表达点激情和爱意！"

"所以你要的不只是一个拥抱而已，"我说道，"你从他那里，想获得更多的东西。"

"嘿，谁叫他是我老公！"

"所以呢……"我敦促她继续说下去，希望她解释一下结婚证赋予了她什么样的权利。

"所以？"她很震惊地回应。

现在，她把我和她老公一视同仁了——我们都应当会读心术才对。

"所以，他应该把我当他老婆来对待！我想感受到，他是真的想要我。我想知道，我是他生命中最重要的人，而且他欣赏我给他的一切。"

"你认为,他能在一个拥抱中,传达这么多吗?"

"是的!"然后她想了一下,"嗯,这是个好的开始吧。"

讲到这里,我觉得只要她还一门心思地渴望得到某种特别的拥抱,她永远都不会满意,最终,她要不就放弃、离婚,要不就一撑到底,其中不乏苦涩、怨恨或无奈。显而易见,这不仅仅是一个拥抱的问题。

◆

现在,我们来看第二句话。

"我不指望我老婆一天到晚都让我快乐,"他说,"我只想让她别理我,给我留一点空间。"

他双手在胸前交叉,身子在座位上向后靠,椅子的前腿悬空翘起。

"你需要多少空间?"我问道。

"我自己也说不上来,"他说,"够了就行。她总是走进家里的办公室,问我问题,想跟我讲话。她不理我多好啊,那样我才能安心工作!"

"所以,你想让她整天都不理你,每天如此?"

"只有我在家里的办公室的时候才不理。"他说道。

"我懂了。"

我沉默了片刻,等着我意料之中的话。过了片刻,他又开口了。

"还有我看电视,或用电脑的时候。"

"或在床上,或在晚餐桌边……"我补充道。

"不，我们吃晚饭可以讲话的。"

"对啊，但其他时间，她应该闭嘴。"

"我从来没有叫她闭嘴过，"他说道（我在想，我本来可以用别的词，不那么挑衅的），"我总是很尊重她。但她不断闯进来，打断我，问我是不是想和她一起做什么，而且，她总是在我很忙的时候这么干！"

"真凑巧啊。"我说道，但他没有理会我旁敲侧击的话。

"我只想让她别理我。"

"一直不理吗？"我说出自己的疑问。"如果她真的不理你呢？这对你意味着什么？"

"意味着，她理解我，"他说，"而且，她尊重我。"

"是否也意味着她爱你呢？"

"我不知道。"他不置可否地耸了下肩，"也许吧。"

"所以，如果她一直不理你，这就证明她真的很爱你，"我说道，然后，我开始逗这位学员。"我猜如果她出走，永远离开你，这说明她爱你爱得发狂！"

话音刚落，大家笑声一片。

"我猜，如果她搬到了国外，"我说道，"就证明了，她无条件地爱你！"

"不，我是想和她一起生活的，"他说道，人更往后靠在椅子上了，"我只是有时需要一个人待着。"

"所以，你想让她在身边，但又不靠得太近。你需要她时，想让她随时待命；但其余时间，你想让她闪到一边。而且，你想让她知道，什么时候该离开，什么时候该靠近，对吧？"

这引发了另一位女学员的评论：

"听起来，您是在谈论他的狗！"

哄堂大笑。

在写出以上对白时，我开始琢磨，如果那位想要拥抱的女士和那位想一个人待着的男士在一起生活，他们的婚姻会是什么样的。答案立即在脑海中闪现——嘿，地球上几乎每桩婚姻，不都这样吗！

当你认为，你的伴侣掌握着让你快乐和完满的钥匙时，你的价值感就体现在对方的行动（或不作为）和语言（或沉默）中。在第一个例子里，如果那位女士的丈夫拥抱了她，她的价值感会暂时上升。但很快，价值感会再度消退，她还需要另一个拥抱，而这次的拥抱必须更好。如果抱得和上次一样，价值感（如果还能出现的话）不会那么强，失望会不知不觉地渗入。下一次拥抱（如果还有下一次的话），很可能更令人失望，她会日益觉得自己的价值微乎其微。当然，她还会继续相信：正因为她从丈夫那里得不到想要的，她便是一个有局限的、不完整的人；她看不到，那个无与伦比的存在只是在假扮她而已。

那个想要私人空间的丈夫，依然会认为妻子不体谅他的需求。妻子的行为反映出了他的自我感觉：他觉得自己是个遭误解的、不为人欣赏的男人，承受着不合理的要求。他在婚姻中更独立，他也不会承认自己有任何个人需求是要妻子来满足的；但如果她真的把注意力从他那里转移，在婚姻之外寻求乐趣和友谊的话，他无疑会万分难受。独立的他没有觉察到，他需要的是，对方安静地等待他的关注，并在他屈尊关注对方时，对方应该表现出兴奋和喜悦的样子。他相信，对方耐心的等待和明显的崇拜（嘿，等一下，这听起来确实像他的狗），可以让自己得到满足。所以，他还是无法察觉，他其实也在"羊群"中，跟其他成员一样，在别人那里寻求自以为需要的东西，以体验到完整而快乐的感觉。

◎无法满足的饥饿

在诸多人类追求的背后，不满是驱动力。在所有不满的背后，需求本就无法满足；与需求联手的，是"人是不完整的"信念。但如果你并非不完整呢？如果，你一直活在遗忘的催眠状态中，而且你周围的世界是专门强化催眠的，直到某一刻你从催眠中醒来，并愉快地忆起你本质的原貌——如果，这才是真相，会怎么样呢？如果你不再将他人视为自己快乐的源头，不再指望他人满足自己的个人需求，这对你所有的关系会有什么影响呢？如果离开"羊群"，体验超越信念的关系，又会怎么样呢？

听起来都很不错——可以说棒极了——但我看不怎么现实！在这个真实世界中，我真的觉得我不完整，我还缺点什么。如果我都不能从伴侣那里得到一些我想要的，那这段关系又有什么意义呢？

　　关键是要帮助你看到你并非不完整，而且你也不需要你已经拥有的东西。

　　但不完整的感觉，不是我凭空想象的！我的需求不是我想象出来的——就在那儿，在我里面。我只是个人啊，真可恶！

　　但你并非只是人。而且，不完整的感觉或需求，不像你想的那么真实。让我们把需求看成某种饥饿，思考一下需求是什么。想象一下你饿极了——像一个三四天没吃东西又没钱买饭的人。想象一下，遇到这种情况，你会如何看待世界？我个人认为，我的头脑会不断跑到我饥饿的对象——任何食物——那里！我还会把人当作获取食物的手段，并将注意力集中在那个似乎最有希望带来食物的人身上。然后，我得想怎么从那个人手里获得食物，这时操纵就起作用了。我必须用特定的方式讲话做事，好启发、鼓励、强迫甚至威胁对方给我食物。当然，最开始我得谦虚温和，甚至幽默迷人。如果这类行为不能如愿以偿地为我带来食粮，我必须采取更果断的，甚至是咄咄逼人的手段。如果我力气够大，为了实现目标，我甚至会在身体上胁迫对方，甚而制服对方。最终，我要么得到了渴求之物，要么失败放弃，转向别处谋生。

　　读上述例子时，你是否看到，对食物的生理需求以及对爱和快乐的情绪需求，两者颇有相似之处？两者都会使我们把别人当作满足感的来源。

你也可以说，两者都会使我们把别人当作成功或失望的途径。两者都会激发我们开动脑筋，好控制和操纵别人，让别人给我们所需之物——我们认为这些东西是生存下去并茁壮成长所需要的。

是的，需求和饥渴都是我做人的一部分。如果我不能从身外获得食物，我会死的！如果我不能从伴侣那里获得爱，我会——

——要看看爱到底在哪里！你认为你是为了满足自己的需求而处于某段关系中；实际上，你的各种关系意义重大，远不止让你觉得自己特殊而已。关系在帮助你醒来并忆起——

——我知道，我知道，记起快乐就在我的内在，我必须让自己快乐，爱自己，等等……

嗯，不完全是。更多的是醒来，并忆起你恒常处于真正快乐的状态中时你已然完整，但你忘了这些，并且相信自己是不完整的。当你相信你并不完整时，需求便占了上风，并推动你从外在去寻求满足感。

需求一旦涉入，便无中立可言。当你透过需求的眼睛看世界时，每件事都具有强烈的个人色彩。如果伴侣忘了你的生日，而你需要对方热烈庆生，来证明你是特殊的，那么，按你的解读，伴侣的健忘证明了对你的爱有所保留。如果伴侣记得为你庆生，但你觉得缺乏你所需要的热情，你还是会按老路子解读对方的行为，还是会认为对方忽视了你的重要性，认为理所当然应该给的东西，对方故意不给你。一谈到对特殊感的需求，那么**一切**都将是个人化的！

许多人进入一段关系时，期待伴侣来证明自己是特殊的个体。不过，如果证明并非指日可待，我们对重要性的需求又一直得不到满足，会发生什么呢？

为了回答这个问题，让我们前进一步看看"他人是你真正快乐的来源"这个信念。之前说过，"某人必须带给你快乐"的想法，往往会强化一个信念："你现在还不快乐，因此你不完整。"大多数人不喜欢不完整的感觉，往往会认为自己有问题。这是种自惭形秽的假设，常常让人认为自己不配得，所以必须要**赚取**、**证明或索取**快乐的权利。这时操纵开始起作用。关系中的操纵往往是巧妙的言辞或行为，意在诱导伴侣给出爱的回应。你不可能直截了当地乞求你的伴侣让你快乐，因为这会赤裸裸地展现你脆弱的需求，对此你非常厌恶。因此，你必须运用你小时候就创造出来，而且随着你的成长变得越发精巧复杂的行为。我没法列出人类表现的所有个人行为，但是在一些基本的例子中，我会尽可能多地来归纳与概括这些行为。我也归纳了这些操纵行为在关系中出现的顺序。

◎ 从伴侣那里赚取爱和快乐

赚取与证明你有爱和快乐的权利，这两者之间的区别很微妙，几乎难以辨别。我在这里的措辞意在说明，这两者之间的区别在于，人们表达需求时的自信程度看起来有所不同。如果你试图用赚取的方式来通往幸福的大道，你的方法看来往往是较为被动的。你会想尽办法为伴侣做更多的事，来赢取伴侣对你的付出。你会牺牲自己的事业、朋友，甚至家人，好随时待命，满足伴侣一时的兴致和需求。你总觉得，你对关系的贡献要超过伴侣才行，因为你在补偿你的不完整、不配得的感觉。你会随时准备好，每当伴侣有时间或愿意和你在一起时，你可以陪伴对方。有时你需要使出浑身解数，采用嬉戏、性诱惑或热情来吸引伴侣的注意力，让对方更多地投入关系中。

当然，你可以随时转向关系中备受欢迎的消遣方式之一，那就是先确认好了自己近期投入得足够多，好让你可以理直气壮地抱怨伴侣对两人关系的注意力或参与度不够。

另一种看似有效的方式（其实从不能带来真正的快乐），就是想法子让你的伴侣感到嫉妒。未必需要你在伴侣面前，公然与别人调情，或展现强烈的爱慕。关键在于，假装把更多的注意力从伴侣身上移开。一个上佳的方法，就是夸奖别人的某个特质，而你的伴侣认为这种特质自己也有。例如，要是你的伴侣喜欢逗人笑，你可以谈起某某人的幽默感太赞了；要是你的伴侣很在意自己的外表，只用说起某某人多么迷人，或某某人的身材很棒；你可以不动声色地暗示，你激赏某某人对其伴侣示爱的方式。或者你可以一头钻入个人的兴趣爱好中，造成一种假象——你对兴趣爱好的热情超过了你对伴侣的热情。假装不需要伴侣，经常能有效地抓住对方的注意力，并让对方来追你。从伴侣那里获得快乐是项艰苦的工作，需要你投入大量的时间和精力，但你会相信，这些投入都是值得的，因为你确信伴侣是你的快乐和爱的来源。享受成果也无可厚非，无论这种感觉多么稍纵即逝；还记得吧，这是你赚来的！

◎证明你有权从伴侣那里获得爱和快乐

为了证明你有权被爱、有权快乐，而且你的伴侣必须给予你爱和快乐，你得为自己做好广告。首先，你必须说服自己，你是完美的伴侣，或者至少比你的伴侣要好得多。一旦做到了这一点，你就可以到处宣传你打着"满足伴侣"的旗号所做的一切。当你有求于对方时，你要确保对方能全面地了解，你是怎么证明你的爱的，必要时可以夸张一点。让伴侣看到，你冲他们要的东西，根本比不上你日复一日的付出。"我做这些还不是为了你，我要的回报才这么一点点！"——这是标准的口头禅。此外，为了准备开口提要求，一定要让伴侣知道你刚刚为他们做的每件小事。比如：

"我给你取了那个包裹，宝贝。"
"甜心，我给你泡了一杯茶，完全按你喜欢的方式来的。"

"亲爱的，妈妈邀请我们这个周日过去，但我扯了个理由不去，因为我知道你这个周末想打高尔夫。"

"我给你买的这条围巾，你戴起来好棒哦，甜心！你觉得怎么样？"

"亲爱的，我今天早点下班，好回家照顾你。你的感冒怎么样了？"

当你让伴侣明白了你为他（她）做的每件事后，一旦你要求伴侣小小地示爱，而对方犹豫不决时，你都可以把那些事再列举一遍。

还有另一种方式你可以用来证明，拥有伴侣的爱和快乐是理所当然的，这就是去煽起他们的嫉妒感（你觉得如果他们真爱你的话，就应该大方地给你爱和快乐）。在这种情况下，你必须吸引别人的关注，证明自己很抢手，可能要真的在伴侣面前和别人调情，赞扬或夸耀你的前任伴侣，或透露出别人对你有意。你吸引来的关注不一定是与性有关的，只要你能把聚光灯照在自己身上，从别人那里赢得赞美和仰慕，就可以向伴侣证明，你是多么宝贵，因此会敦促或激发他们去表现，好让你感受到爱和快乐！

◎向伴侣索取自认应得的爱与幸福的权利

这是一个更激进的方法，通常在前两种方法都没有带来预期效果时使用。向伴侣索取自认应得的爱与幸福的权利，也许你得搬出那部所谓的《关系守则》，即旧有的行为准则，而其出处却无从得知。这部守则认为：你和伴侣有排他的特别关系，因此你们互为对方的财产。

（注：有的情况下，《关系守则》这本书所讲的准则是单方面的。在异性恋关系中这些准则严重偏向丈夫，大部分的规定都在讲女人应该如何表现，好确保男人快乐满意。就本书而言，我指的准则更加均衡些，目的在于制约伴侣双方，与性别无关。）

当你想要伴侣让自己开心时，你只用掏出守则，告诉对方应该如何表现就行了。《关系守则》赋予了你权利，你可以坚决要求对方满足自己的期望。毕竟，你拥有一段关系，不就是为了这个吗？如果不是为了让自己快乐，那还在一起干吗呢？为了大力证明自己的要求合理，你总是可以提醒对方：

"你是我的伴侣！你就该爱我！你就该让我觉得比任何人、任何事都重要！"

如果这不管用，你有权用某种惩罚——包括遗弃——去威胁你的伴侣，除非他们开始履行对伴侣关系的承诺才作罢。

强烈要求、威胁、批评、最后通牒……这些都是你可以用来索取自认应得，而伴侣却吝于给你的快乐的工具——在那本超级好用的《关系守则》中，这些工具都是合理的。事实上，没人实际拥有这本守则（即便有，也不可能读完整部巨著），但这却不妨碍我们去引用它——每当我们把伴侣看作我们快乐的来源，而且以为对方吝于给出快乐的时候，我们就会去引用。

你可以采用的另外一种方法，就是靠外遇让你的伴侣嫉妒。这就像明目张胆的通告（像用飞机在空中放烟形成文字那样），让伴侣知道，你正在宣称自己有从外在获得快乐的权利，如果伴侣拒绝你的权利要求，那么你会义无反顾地去从另外一个更乐意给予你的人那里获得。

（注意我描述的所有方法中，都包括了"让你的伴侣嫉妒"。这是因为……得了！如果我们不能让对方吃醋，关系还有多大意思呢？）

我希望你了解，我在描述各种操纵方法时，用的都是开玩笑的口吻。我很早之前便意识到，无论多么频繁地采用这些方法，没有一个是真正奏效的。事实上，哪怕在关系初期，看似有一点小效果，但很快就减弱了。过了一阵子，你试图操纵伴侣让对方来爱你（就是让你感觉自己与众不同），通常会遭到反抗、憎恶和排斥。

所有的方法都围绕着一个主题：你认为，你不是自己快乐的来源，因此必须向外寻求，最终让你的伴侣成了根本的来源。但是，你的关系只是体现了渗透在你生活方方面面的信念和态度。这个信念就是：目前你是个不完整的人，希望能有朝一日（如果活得够久）变得完整。这个态度就是：你必须用特定的方式与世界打交道，才能从外在获得完整。

简而言之，如果你不快乐，你认为原因是你内在没有快乐。你因此推断，你必须拿出方案和方法，在外面找到快乐并把它吸引到你的内在。

◎ 快乐列车

在这个模型中（图1.1），你可能看到若干区域，各区域有相应目标，或具体或模糊。也许你想要健康的身体，能让你顺利活到九十多岁；或许，你想疗愈旧的情绪创伤，想拥有特定数额的金钱，想亲身经历你读到过的某种灵性体验，等等。但你是否考虑过，如果目标实现了，你会体验到什么呢？

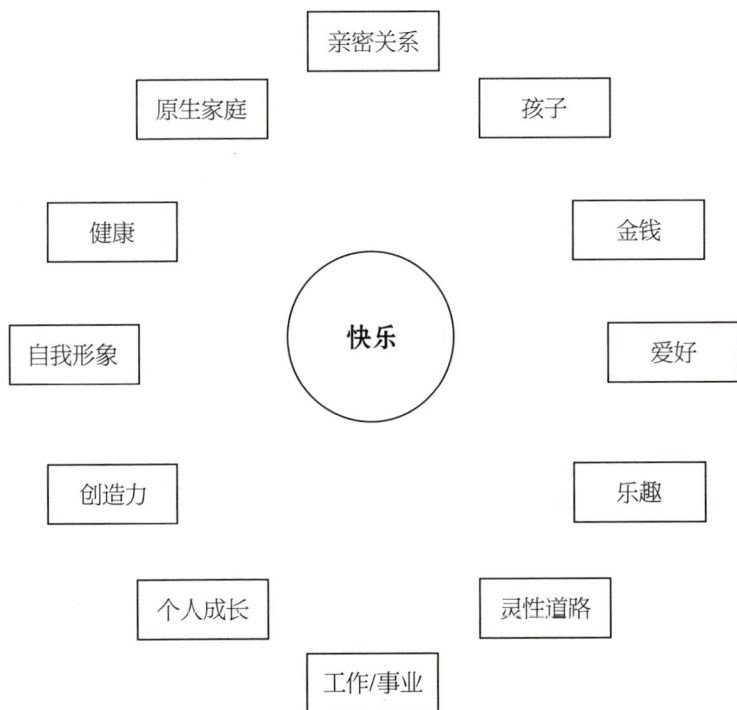

图 1.1　快乐列车

通常，我们想达到这些目标，是为了体验到某种超越恐惧、焦虑和痛苦之上的东西——你可能会将它称为快乐。你竭力去实现你认为重要的人生目标，但你肯定也意识到了，这些目标本身并非你努力的真正目的。你想要的是某种体验——你认为实现目标、取得成就，就会有这种体验。再看图 1.1，想象每一个格子就是一节车厢，而列车的宗旨，就是把你带到名为快乐的目的地。或许，这是这趟快乐列车的初衷，但你也可能会注意到，列车行驶在环形轨道上，一直围着假定的目的地绕圈，却永远无法抵达。

我大半辈子都在那趟快乐列车上旅行。我所有的物质追求、灵性修炼、心理探索，还有哲学研究，都源自这个充满希望的幻想：也许，如果我灵性十足，为人类服务，做一个真正高尚的人，并且喝好的威士忌，尽量多地做爱，有许多钱，而且，我的孩子都快乐成功，我和老婆相爱到永远。还有，我看看……噢！还有我疗愈了所有旧的潜意识创伤，成为成功的工作坊导师，还有……嘿！只是列出这些来，就把我累坏了！但无论如何，我相信，如果我实现了所有这些目标，列车将会把我带到目的地，我最终便可以永远快乐了。此外，我必须要实现所有的目标，否则快乐就是遥不可及的。

但有一天我跳下了（或更可能是摔下了）这趟快乐列车，这时我才明白一位男士在我二十岁时对我所讲的话：

"每个人都认为自己需要某样东西才能快乐。事实上，只有快乐才能让你快乐！"

我花了三十多年，才明白他说的到底是什么意思。

无论我的目标是纯粹自我陶醉、不着调的幻想，还是指日可待的奖赏，或手到擒来的事项，实现目标的渴望总是指向未来的。但快乐只能在当下此刻体验到。快乐可以随时体验，无须金钱或条件，这是好事，因为未来永远不会来临，有的永远只是当下。

但如果它现在就是唾手可得的，为什么我体验不到呢？我得做什么才能一直感受到快乐呢？

好，你要先面对这个信念——"快乐是种好的感觉"。

什么？你是说快乐给人感觉不好吗？这很荒唐！

快乐根本不是一种感觉。无论你感觉好或坏，它都在那里。如果你把快乐的体验只局限在你感觉好的时候，一旦觉得不舒服，你就会忽视快乐的存在。可能一看到伴侣的某种行为，你就开始恼火了。在那刻，你没有好感觉，所以你就更加关注坏感觉。因为你认为，感觉坏时是没法开心的，你就会对伴侣的行为起反应，仿佛这就是你感觉坏的起因；此外，你会努力找到解决办法，让自己再度感觉好起来。你会设法改变伴侣现在的行为或外表，改成让你感觉更好的样子。于是，你的伴侣变成了你快乐的来源。但你奋力争取的并非真正的快乐，因为如我所说，真正的快乐是无法被赚取、收买或强求的。也可以说，它就在那儿。你所努力争取的只是一个关于快乐的想法，一个以你感觉良好为基础的想法。

但我就是喜欢感觉好！我只想跟让我感觉好的人待在一起，只想干让我感觉好的事。

那么你就永远无法真正满足。老实说，当你开始追逐某件事物时，通常，你体验到的正好相反。我以前认为，快乐是种有条件的体验。我曾认为，如果我老婆用某种特定方式对待我，我就会开心。如果我的孩子在学校表现不错，或交了很多好朋友，我就会开心——他们也会开心。所以我试图控制自己的世界，并创造出能让我快乐的条件。

也许，你也如此。也许，你的生命中有一个重大的目标，而你不想听我说：这个目标不会让你快乐。我向你保证，这个目标不会让你真正快乐，但也许你只愿意相信，这个目标对你的生命是至关重要的。也许你只想让你的伴侣改变。你不想听到，即使你的伴侣与现在一样，丝毫不变，你仍然有可能快乐。但我所讲的快乐——真正的快乐——是不依赖于任何事物的，也不需要任何事物。我现在就在体验着它，而它也没有要求我给予任何回报——它甚至不在意我是否觉察到了它的存在！

我曾经读过一篇文章，讲的是一群美国科学家在研究快乐。他们找了两位男士，一个刚中了彩票，另一个刚出了事故，下半身瘫痪。在研究人员看来，很明显那个瘫痪的人不如那个中奖者快乐。但一年后，他们回访那两位男士，发现他俩的快乐和满意程度是一样的——顺便说下，他俩快乐和满意的程度并不高。事实上，快乐、爱、平和与喜悦是不会被条件所束缚的。真正的快乐总是在的。而且，如果这是真的，那么，"你就是快乐"也是真的，因为每当你觉察到当下，你就在那里！目标都在未来，快乐就在当下。如果你觉察不到，也不知道如何能觉察到，那么接着读这本书会对你有所裨益。

◎爱？真的吗？

在我所谓的"快乐列车"所能列出的所有区域中，有一个观点是全世界的大多数人都信以为真的。这个信念甚至比"金钱是快乐的关键"的信念还要盛行——一旦你找到了那个特别的人，那个唯一真爱，你就能体验到真正的快乐。我花了二十五年的时间，设法帮助人们过上快乐的婚姻生活，而我持续不断听到的信息是：为婚姻注入幸福是伴侣的责任。在浪漫阶段，这是显而易见的，人们会这么说：

"没有你我活不下去。"

"你让我变得完整。"

"没有你，就没有我。"

"你是我的灵魂伴侣。"

"你是我生命的意义和灵感。"

"你就是我终其一生在寻觅的人。"

"没有你，日子过得没有意义。"

当我写下以上话语时，脑海中出现了一幅有趣的画面——我在门口招呼邮递员的时候对他说："你让我变得完整。"然后场景进一步延伸，我沿街信步，带着类似的情感问候他人。人们多半会以为我疯了，难道不会吗？不过，从全球数十亿人中，挑出一位来表达这些情感，会怎么样呢？啊，那就一点都不疯狂了——那可是爱呀！然而，你细细思忖，便会看见：你表达的情感充斥着条件和期待，只有忘记自己真正是谁、沉浸在遗忘恍惚中的人，才会把这个当成爱。

当你在寻觅那个唯一真爱时，你是在找一个能让你感觉**永远快乐**的人！如此，你与对方之间形成了特殊的联结，你认为特殊感与真正的快乐是一回事。如今，对方的工作就是一直让你有特殊感。如果伴侣让你觉得自己特殊，对方就是爱你的。如果对方爱你，那你就是快乐的。如果伴侣没让你觉得自己特殊，那么你就不被爱，因此也无法快乐。让我诠释一下婚姻专家大卫·史纳屈（David Schnarch）常说的一句话：关系与爱无关，而与重要性有关。

现在我们触及了关系现象的关键所在。人们进入所有关系时，都有这么一个信念：对方要为我们**所有**的感觉负责，而且如果伴侣愿意，伴侣是有能力让我们一直感觉很好的。同时，伴侣进入关系时，也盘算得一模一样。现在两人都对同一情感产生共鸣："你现在是我的了。你掌握着我快乐的钥匙，我的职责就是等着你给我快乐。在我等的时候，我可以赚取、证明或索取快乐和爱的权利，因为这是你欠我的。"

不过等一等！你进入关系的目标和意图，并非真的与爱和快乐有关；你关心的是让别人给予你特殊感！你想让伴侣通过赞美、感激、称赞、不懈的鼓励、关爱和奉献，来滋长你的特殊感。你想让伴侣在他人面前夸耀你，说你是个多么完美的同伴——这般睿智、聪颖、魅力四射，还是天生的情趣高手。你希望对方持续不断地努力，就像旭日一样冉冉升起。

当伴侣的行为似乎有助于你体验到重要性和归属感时，你的身体有种扩展的觉受，你**认定**这就是快乐、爱、平和、完满等，但其实都不是。这种扩展的感受是你暂时体验到了个人的重要性或**特殊性**。而暂时的并非真的，也不切实际。

◎ 我的桶里有个洞

在本章结束前，让我们再看一下我们追求快乐的另一个方面——我们让关系在此起了关键作用。想一想，你如此渴求完满，背后的驱动力是什么。最合乎逻辑的假设是，正因为缺乏完满，才引发你渴求完满，并随之寻求完满；正是不快乐让你想要快乐；正是缺乏爱驱使你去寻找爱。这种匮乏感似乎让你产生了特定的倾向，主导着你生命的几乎所有方面。我们可以将这些倾向称为痴迷、执迷、强迫症和上瘾。

痴迷是情绪上的沉溺，其根源似乎是焦虑。有些人的痴迷比他人表现得更明显，而有些则是赤裸裸地展现了痴迷的个性，但每个人在生命的不同时点都会变得痴迷，因为这是人类的特点。你肯定看不到动物陷在焦虑之中，它们不会担心同物种的其他动物会如何看待自己。即便是花栗鼠，看上去确实是处于持续恐慌的状态（尤其在吃东西的时候），但研究表明，除非面临肉体上的伤害或死亡这样真正的危险，动物是不会产生任何恐惧的。而人类则大相径庭：即使危险只是凭空想象，人也会经验恐慌。

痴迷显现为一种情绪状态，执迷似乎与心智更有关，而强迫症是一个人人性的行为表现。上瘾与肉体相关，也可以在其他灵长类动物身上看到。当然，可能有人会说，所有这四个方面在动物群落中都有；但这也可能是因为我们察觉这些方面在我们自己身上也存在，因此在尝试解释其他物种的行为时，我们把自己的本性投射了出去。不过还是言归正传吧。

痴迷、执迷、强迫症和上瘾似乎有同样的根源——人类有匮乏感，并借助需求来表达自认的匮乏感。因此，只要你还需要从伴侣那里获得什么（比如重要感），你就易于陷入执迷、痴迷及强迫症中的一个或多个模式中。在外表上看，你可能会落入重复的语言和行为模式，这可能掩藏了你赤裸裸而又脆弱的需求，但很难产生你追求的结果。这是因为：（1）需求从未被完全满足过——甚至连完全的边都沾不上；以及（2）重要性并非真正的快乐。它顶多就是快乐、爱和完满的暂时复制品。

需求就像空杯，象征着"你是不完整的，因而是匮乏的"这个信念。通过强迫性行为，你可能干劲十足、想方设法地让人们往你杯中注满欣赏、感激、赞美、称赞、鼓励等。在某些情况下，他们的确表达了对你的重视，你可能洋溢着欣喜之情，以及算得上爱的情愫。但这也终将过去，因为你要是看看杯底，就会看到这其实是筛子，好的感觉都会漏过筛子，流失殆尽。你很快就会回到无意识、强迫性的行为模式中，并持续巩固这些模式，直到你恍然醒来，并认识到：你的真实本性和存在，是纯粹的、无条件的快乐的持续状态，而且外在没有爱。

接下来，总结本章的要点：

- 当你处于任何一种在情感上有承诺的关系中时，你的伴侣就成了满足你对重要性和归属感的需求的源头。
- 你有特定的，甚至是可以预测的行为形式，就是为了来满足这些需求的。
- 通常，你在进行这些行为时，自己没有任何的觉知。
- 强迫性的行为是幼稚的——它们形成于幼年时期，之后又加上了成人式的复杂伪装。

- 把觉知带入行为，终将点亮一束光芒，让你看清：你的需求是无法满足的，为了永久满足需求而做出的努力也是徒劳无功的——无论满足的手段是通过伴侣，或世间的其他任何人、任何事，不管是金钱、成就、上师、朋友、粉丝或你愿意相信的任何东西——都是无用的。

第二章
Chapter 2

傲慢、偏见与过程

原则 #2:
我的伴侣不是我不快乐或痛苦的起因。

　　有许多理论谈到我们如何来到这个世界,并进入这具我们称之为人的身体。神话、哲学、宗教和科学,都有各自的解释和逻辑形式,来支持自己的假设,我们可以自由地摒弃某种解释而赞成另外一种。基本底线是:你有着人类的身体,随之而来的是你会有很多做人的体验。无论你的远祖是从树上爬下来的,还是直接就在这个星球上现身的,有证据显示,他们在洞穴中栖身,为了取暖而生火并穿动物皮毛,为了更容易生存而发明工具,并力图让生活过得更舒适些。为什么?因为生而为人,就有大量的不舒服。虽然其他动物都能很好地适应环境,人类却似乎从未掌握窍门,我们还是继续焦躁不安地前进,从未真正找到那个点,可以让我们说:"咻!总算搞定了!我们现在可以放松了。"

　　身体、情绪,可能还有精神上的不适,似乎是我们命中注定的。人类只要存在,痛苦便是既定事实,至少我们的历史到目前为止都是如此,动物界也一直如此。但随着痛苦而来的,是似乎做人才特有的倾向,其中的两种是:我们倾向于受苦,还倾向于指责某人某事造成了我们的痛苦和受苦。首先,我想简短地界定痛苦和受苦的区别。我对痛苦的定义是:在身

体或情绪 / 感觉（我们稍后也会谈到感觉和情绪的不同）的层面上，任何基本形式的不适都是痛苦。受苦是对痛苦的情绪反应，原因是我们拒绝接受不舒服的感觉。受苦是平静接受的反面。

当你拒绝不舒服的感觉时，通常你会想到两件事：给为什么会经验这个状态找一个解释（"为什么"后面还暗含了"谁"或"什么"），以及你如何让痛苦停止。理性的头脑是无法跳出因果的界限去思考的。如果你胃痛，那一定是别的东西引起的——也许是你吃了什么。如果你头痛，那最初的起因必定是某种外部事物影响。如果你伤心，肯定是某个事件造成的。即便是 DNA，也被视为是身体、情绪或心理倾向的外在发源点，此外还有其他引起痛苦体验的触发点。这样，每当痛苦在我们的觉知中浮现，"它为什么在这里，我如何搞定它？"——问这样的问题就成了我们的默认立场。这很好地说明了，在关系中感到诸多不适时，为什么你会责备你的伴侣。

你目睹伴侣的行为时，发觉自己不开心，你很可能认为，那个行为一定是你不开心的起因。毕竟，你之前明确告诉了对方你的好恶，但你的伴侣居然还在那里，用你讨厌的方式讲话做事，这不是故意气你吗！这就像一加一等于二那么简单。**你伴侣的行为 + 你恼火了 = 这是你伴侣的错！**同理，二加二等于四。伴侣停止了那行为 + 你感觉好些 = 瞧瞧，这不就是伴侣的错吗！你刚刚用科学和数学的方式证明了，你的伴侣可能是你不快乐的起因。因为事实很清楚，你愤怒是有道理的，你坚决要求伴侣改变也

是有道理的。所以，针对之前提出的问题"它为什么在这里，我如何搞定它"，
答案似乎很简单：

> 痛苦在这里，是因为我的伴侣使它在我体内出现，我的伴侣
> 要是道歉，然后改变自己，我的痛苦就解决了。

当然，这样的恼火和不适，你过去也感受过，但总是其他人引起的；
现在，你的伴侣让你的感受更加深刻，甚至超过了你从孩提时代就有的感
受——那时，你的妈妈或爸爸做了什么，让你感觉到自己没人爱、没人要，
或者不重要。

不过，假使不适感其实不是任何人的错，会怎么样呢？不是你伴侣的
错，不是你爸妈的错，也不是政府的错……如果无须责备任何人，因为没
人能给他人造成痛苦，会怎么样呢？

> 这我搞不清。如果有人走过来，用锤子敲我的头，怎么办？
> 我得说，是这人让我疼的！如果有人能伤害我的身体，他们为什
> 么就不能伤害我的情绪呢？

目前，我们只关注情绪不适。至于情绪成年——我这一生作为丈夫、
父亲、儿子、咨询师，在我的所有关系中——我从未见证过任何人，是我

情绪不适的起因。

　　我知道这听起来很离谱，可是，万一你经验到痛苦，只是因为你是人，而痛苦是人类旅程的一部分，会怎么样呢？也许，无论旅程有多长，痛苦或许不会全程与你如影相随，但迄今为止，痛苦似乎是所有人的共同之处。我们不仅仅都感到痛苦，事实上，我们感受到的痛苦是一模一样的！也许你对孤独的反应与我不同，也许你用不同的字眼来描述这种感觉，但孤独就是孤独，不是吗？虽然人们通常认为，孤独是在特定情况下才会出现的感觉，但这并不意味着，这些情况是孤独感的实际原因。也许，我们可以从不同的视角来看待感觉这个主题，这有助于我们从强迫症中解放出来，不再玩所谓的指责游戏。在你阅读下面的解释时，我鼓励你去聆听你的心声，判断这些话是否指向了真相。

　　首先，考虑看看，你在出生并具有人形之前，就已经存在了；在你之前，就有一个**你**。任何人都不可能向你精确地描述**你**真正是谁（什么），因为语言（以及词汇）是人类的设计，旨在增强做人的体验和信念。**你**的本来面目远远不只是人，所以我用"妙不可言"来形容，这个词的字典解释之一是："伟大美丽得无法描述。"妙不可言的**你**决定呈现人类的特征，接受肉体的限制——为什么这么决定，如何决定的——远非人类的智力所能理解，除非用非常抽象的方式或比喻才行。不妨说，你就是你无限的智慧、爱、智力、富有创意的想象力以及力量；**你**来到这个世界上做人，以便能有一个虚拟的人类体验。

现在，设想你是不会体验到二元对立的存在。你是不可分割的整体，不受时空幻象的制约。这个解释的重点是，你不会体验到痛苦。然后，你通过你的自由意志和无限的创造力，创造出了做人这个现象——这与你的本来面目迥然相异。作为你的相反面，你体验了二元对立的各个方面——分离、限制、无意识、恐惧、内疚，还有所谓的正面体验，如欣喜、感情、自信、宽恕等。此外，你还体验到了痛苦，没有什么特别的原因，只是因为痛苦是人类体验的一部分。没有人将痛苦强加于你，这是你自己选择和创造的经历。你以为自己就是那个二元对立的人，你便随心所欲地怪罪任何人，包括某种无形的力量——你生命中面临的所有问题、限制和不适，都要怪他们。如果你有宗教信仰，你甚至可以将误入歧途、犯过错，或者背弃神都归咎于自己的本质或灵魂；不过，这只是因为你浑然不知，是你想彻底体验一把做人的滋味。

作为人类旅程的一部分，你了解到"宽恕"这个字眼。你认定痛苦是别人造成的，而宽恕能让你卸下痛苦的重担。但宽恕也有问题：这简直是太难了，而且完成宽恕这一过程花的时间也太长了。我知道有些人为了宽恕父母，努力了好几十年，但到头来还觉得有大量工作要做。我试着原谅父亲三十多年了，我从头到尾都在想，等我把我爸的事了结了，还得去对付我妈！

你跟伴侣又是什么情况呢？你生命中是否有些事件，似乎是伴侣一手策划的，而你至今仍不能宽恕对方？是否有些事情是你认为伴侣本可以做到的，而你对此一直无法释怀？你是否与伴侣保持安全距离，好确保对方不会伤到你？你是否隐瞒了秘密，或有说不出口的话，是因为你不想给伴侣造成不可宽恕的痛苦？让我感兴趣的是，人类是如何在遭受痛苦的同时又认为这痛苦是他人造成的，而事实是，指责本身就是真正的受苦，宽恕不过是加深了苦难。

什么？！宽恕是问题的一部分？

我知道这是一句耸人听闻的话。但是，没有指责，痛苦也可以存在；不过如果不是指责（包括自责）先出现的话，宽恕的念头根本就不会在我们的头脑中冒出来。所以，有没有可能指责和宽恕是同一枚硬币的两面？而且，因为指责是在表达内疚——无论是对自己还是对他人的内疚——更有效的回应是不是直接处理内疚，而非绕一大圈，先指责后宽恕呢？反正绕一圈，也从未直面过人类痛苦的核心课题？好，为了有效地回应，先有意识地审视一下你的愤怒，也许是有帮助的。

◎引爆！

在人类旅程中，有个典型的无意识（或毛毛虫）阶段。这时的行为通常是强迫性的，意味着你在行动、讲话甚至思考时，都没有保持觉知。谈起无意识、强迫性的行为，最触目惊心的例子之一就是愤怒。人们几乎从来都不喜欢发怒，也从没打算要发怒。想象一下，你和伴侣刚刚在海滩或公园度过了愉快的一天，你们在开车回家的路上也相谈甚欢。再想象一下，离家越来越近时，你自言自语：我感觉太棒了！但一旦跨入家门，我就要开始批评伴侣忘了关炉子，然后，我会冲着对方大发雷霆，因为对方居然忘了关掉浴室的灯！你这么想的可能性不大，但可以肯定的是，到家后的两分钟内，你就会注意到炉子一直开着，随后怒火爆发，你俩共度的美好一天就被抛到九霄云外了。

　　除了直接攻击这种火爆的表达外，愤怒还有不那么明显的方式，这让问题更加复杂。也许你的愤怒更多是种内爆，让你抽离你的伴侣，并像石头一样保持沉默。情绪在你内在翻腾，引发了怨恨不平的念头，而怨念又编织出了一个故事，讲述着你的伴侣是如何无情地辜负了你。愤怒让你无视受到的伤害，除非伤害能为你的愤懑和怨恨火上浇油。与此同时，你的伴侣遭到了彻底的排斥，这是一种惯用的惩罚形式，可以追溯到部落时代的早期。咄咄逼人的攻击，可以视为愤怒最坦白的表达，而默不作声的撤退，可以视为愤怒最残忍的表达。

　　另外，最具欺骗性的愤怒形式就是被动式攻击。如果你这样表达愤怒，你表面上看起来受到的影响，没有内在实际感受到的大。于是，你用尖锐讥讽的评论或揶揄戏弄的方式，来传达你不快乐的心情。当伴侣听到你的话有受伤的反应时，你会轻描淡写地打发掉，一口认定你只是在开玩笑，对方不必如此当真。这样有四重好处：（1）让你的伴侣看起来狭隘小气，过度敏感；（2）几番出拳命中能让你幸灾乐祸，泄泄心头怒火；（3）否认愤怒的存在；（4）不必面对自己受伤的感觉。所有这三种愤怒的类型——攻击、撤退，以及被动式攻击——整体目标只有一个：避免痛苦。

◎突击测验

不要想太多，用少于十个字回答下列问题：

- 你的伴侣做什么通常会惹恼你？
- 你通常对这种恼怒是如何反应的？
- 你做什么通常会惹恼你的伴侣？
- 你的伴侣通常对这种恼怒是如何反应的？

一般而言，人们不会有意识地选择生气，即使是被狂怒支配着，他们往往也都觉察不出自己的感觉。有些人可以憋好几天，也不去面对自己，不去看自己坏脾气的后面，有各种感觉在搅动着。当人不止一次地指出他们有情绪时，他们往往会这样回应："我没有生气，我只是太失望了！"但他们并不会感觉到失望、心碎、悲伤、被排斥、无价值，或任何伤痛——事实上这才是问题的核心；他们感受不到，是因为愤怒专门就是保护人的，让人免于不适感的困扰，并持续关注**故事**，即：哪里出错了，为什么会发生这种事，必须要去改变什么人或什么事来解决危机。

图2.1是一张基础的图表，显示愤怒通常位于人体的哪个部位。你会

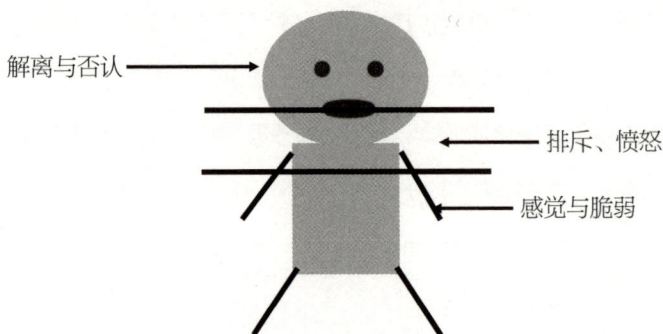

图 2.1

注意到，当你发怒时，你的肩膀可能会收紧耸起、下巴绷紧、声音紧张、呼吸变浅；你可能也会注意到，当你感到悲伤、焦虑、内疚或有其他不舒服的感觉时，这种体验进入了你躯干的某个部位，在你的心脏或心脏之下的区域。当然，我们在头部不会有真的感觉，纯肉体层面的感受倒是有可能。拒绝机制似乎正好位于心脏水平线的上方，它充当了屏障，把感觉压了下去，因此你对感觉毫无觉察；同时，拒绝机制迫使你的注意力上移，到达你的智力与理性运作的地方。更重要的是，该机制让你的注意力集中在外，远离你的脆弱——这就像一座城池，有厚厚的城墙围绕，所有的枪支一致对外，抵御敌军；而事实上，真正的威胁早已在城墙之内了！

　　如果理解能够培养觉知，也许更深地探索愤怒、理解愤怒的特性和目的，会对我们有帮助。似乎愤怒是股原始能量，最开始是为了保护你免受伤害。愤怒是"战或逃"的本能的一部分；每当动物的肉体受到威胁而又无法逃跑时，愤怒就被激活了。关于人类的有意思的事情是：（1）如果肉体受到威胁，人会有愤怒的反应；但情绪上受到威胁，也会这样反应；（2）即使威胁只是**想象**的，人也会发怒。人们因为听错了别人说的话而动怒，这样的例子数不胜数。事实上，大部分愤怒满满的冲突都是因为误解而产生的——一个人对另一个人说的话或行为的动机，做出了错误的假设，或胡思乱想。

我们虚构了一对夫妇，约翰和玛丽（约翰是一位在家办公的程序设计师，玛丽是房产中介）。下文中我们将他们的故事分点列出，来说明愤怒的动力模式，看看愤怒一般是如何发展演绎的：

玛丽正在回家的路上，这是她连续第三晚加班很晚才回家了。

约翰在给一对双胞胎女儿读了故事后，哄她们上床睡觉，觉得焦虑不安，还有些恼火。

他在等玛丽时，把电视频道调来调去，并没有真的在看播放的内容。他想的是，玛丽似乎对工作比对孩子更上心。一开始，他没有觉察到这其实与自己相关，他觉得自己被抛弃了，被忽视了，但想到玛丽对整个家庭的影响，他的愤怒就在不知不觉中持续高涨。

一段内在独白在约翰的头脑中上演，台词的作用就是为愤怒找理由，并让怒火加剧：她几乎见不着孩子，她总是这么忙。性生活也没好到哪里去！我都记不起来上次做爱是什么时候了——她总是累得要命，动不动就走神。也许她上班时，跟那个浑蛋老板发生了点什么！妈的！她怎么能对孩子做出这种事呢？如果我早知道她会这个样子，我根本不会同意要孩子的。她太自私了，简直是不负责任，她连问都不问一下我的工作情况，也不问下女儿在学校怎么样了！我根本都不认识她这个人了！他一边接二连三地换频道，一边不断地批评和评判老婆的行为，直到玛丽最终出现，玛丽看到的是老公一脸不屑的冷漠表情。当她问怎么回事时，约翰愤愤不平地蹦出了一句"没什么"，然后拖着沉重的步子上床了。

约翰晚上睡得很糟糕，第二天对玛丽仍旧保持冷漠和沉默，再接下来的一天，又一天……都是如此；他一直都在听自己头脑中的那段独白，讲玛丽是个多么自私、不负责的妈妈和老婆，直到周末，他俩来了个总爆发——谴责、防卫反应、攻击、还击，络绎不绝。玛丽坚称，她加班是为了养家，而约翰坚称，玛丽是为了追求自己的欲望，连这个家都不要了。

又过了一两天沉默的日子，这中间穿插着一些谨慎的对话。

在他们找到了安全的话题谈论时，休战便达成了。目前，愤怒完成了使命，在约翰和玛丽间挑拨离间，设定了两人之间的新距离——只要他们步步为营，便能维持好这个距离。约翰私下里承认家里需要这份钱，因为他的工资还不足以养家。虽然有怨气，他还是容忍了玛丽加班到很晚——至少眼下如此……

虽然角色不同，故事情节也随之变化，但下面的基本步骤几乎适用于所有的关系：

约翰没有觉察到一种旧有的受伤感——不重要的感觉——在内在浮现。

他的防御系统自动排斥了伤痛，约翰感到很恼火。

约翰在脑子里搜索恼火的原因。

他的头脑抓住了玛丽的行为不放。

约翰现在认为，是玛丽的行为造成了自己的不满。

他的恼火升级，变成对老婆的愤怒。

约翰以孩子为借口，证明他的"玛丽是坏蛋"的观点是正确的，并开始寻找可以改变她行为的方法。

约翰与玛丽进入了权力争斗。

最终形成了谨慎的休战局面。玛丽仍然是坏蛋，不过约翰给自己找了个折中的办法，这给他带来了某种程度上的放松。

微不足道感是古老的痛苦，曾试图浮出水面，现在暂时进入了休眠，或驱使约翰从孩子或工作中寻求自己的重要感。

◎三道门

你可能饶有兴趣地注意到：之前在分析约翰和玛丽的情况时，第一步到第八步全都在一分钟之内发生，而且在玛丽出现前，约翰早就陷入了权力争斗的状态。内在开始有什么样的旧伤浮现，约翰一无所知。他只是"知道"自己不开心，而这都是玛丽造成的，所以他觉得自己可以理直气壮地生她的气并且批评她。事实上，我怀疑约翰甚至都没发觉到自己不开心。我们有太多人，从来都没有停下来，去面对自己的内在，看看内在发生着什么；我们的生活状态，就是不断地对外在刺激或身体刺激起反应。对约翰来说，重大的第一步就是认出自己到底有什么感觉。要做到这点很容易，因为在每个让我们恼火或焦虑的关系问题背后，你都会发现三种人类体验，其中一种会比另外两种更明显：

被遗弃——不配得——心碎

与被遗弃有关的体验包括感到恐惧、孤单、迷失、孤立、被排斥、没有归属感、没人要、凄凉，等等。

当不配得的体验浮现时，人们表达的感觉往往有内疚、失败、不够格、微不足道、不重要、无价值、愚蠢、自己是累赘，或觉得自己没用，等等。

心碎是种深切悲伤的体验，相关的感觉有彻底失望、失落、绝望、无助、无望、遭人背叛，等等。

当你认为你身处的情境造成了你的不适感，我可以向你保证，被遗弃、不配得以及心碎体验中的某个（或多个）正在幕后发挥作用。我还可以向你保证，在这个情境出现前，你内在就已经有那些感觉了。说到底，情境最差也不过是起了催化剂的作用，帮助你觉察到那些感觉；但我更愿意把情境仅仅视为中性的事件，它反映出了你的内在体验。它是一面镜子，让你可以往内看。镜子本身是空的，能反映出放在镜前的任何东西；如果你评判自己在镜子中所看到的，那么，镜子会将这个评判一并反映出来。

◎ 人类体验

所有的情境都是中性的。这曾是一句最让我费解的话。我花了多年的时间才看到这句话中的真理，因为我多么想能有外在的人或事，来为我在世界上感知到的所有不幸和苦难负责。如果这个世界果真是不好也不坏，那我该如何解释我所看到的呢？以前我深信，有时是人们做的事让我不开心了，而且我逻辑、理性的头脑完全支持我的看法——除非头脑告诉我，让我难受的原因，是我自己的愚蠢、软弱、不足，总之我哪儿都**不对劲**（这部分后面再谈）。

随着我意识的扩张，我更清楚地看见了：自己不快乐，没有人可以埋怨；而且，我的妻子只是一面完美的镜子，帮我看到了是什么在阻碍我，让我无法觉察真正的我是那么无与伦比。我以前认为痛苦是她造成的，但其实痛苦只是信念系统的一个活跃部分，让我对真相视而不见。我尽量简单地解释一下：

在这人类体验的初期，你和别人都一样：你进入这个虚拟、多维实相的时候，是个无助又无力的婴儿。在某个特定的时点，你开始认同这具小小的身体，以为这就是你，我们称这个过程为"小我——身体认同"。你逐渐将自己视为单独的实体，这与你感知到的其他所有实体都是分离的，而且你开始感受到了恐惧。随着小我——身体认同的过程继续下去，你也感受到了深刻的人类情感，包括无助、无力、孤单、暴怒、惊恐、绝望，以及其他若干非常不舒服的体验。

好了，如你这般无与伦比的存在，现在你却认为自己是一个相对无足轻重、弱小而有限的存在——而且还极端**脆弱**！你内在有不少脆弱的感觉，加上你认为自己的肉体有各种局限，你的核心信念就此形成。你的自我认知就像一系列照片组成的相册，这成了你的总体自我形象。随着大脑的发育，你开始接收到一些信号，这些信号变成了语言，也就是我们所了解的*想法*。当然，你也体验到了其他更美好的感觉，比如自信、宁静、憧憬、希望等，不过在关系中有冲突浮现时，这些美好的感觉不会出现，我们会将它们暂且搁置一边。

现在你的整个信念系统的基本要素都备齐了。信念系统涉及你是谁，你是什么，以及你能做到什么——在两三岁的年纪，能做的似乎不多。公式看起来是这样的：

图像 + 想法 = 观点

图像 + 想法 + 感觉 = 信念

小我+身体认同 + 信念 = 核心自我概念

以上只是一个说明，意在指出感觉的作用和影响，因为你的生命中会浮现不舒服和痛苦透顶的感觉，这些都标志着你有一个重要的机会，可以觉知自己的本来面目！把自己的不适感归咎于伴侣并非错误。事实上，这是*可以理解的*，因为人们有个倾向，就是对外在刺激不断地起反应。不过，还有另外一种机会存在。随着人们的情绪智力和情绪觉知不断增强，他们会更快认出这个机会——看到不舒服的感觉是信念的动力源，位于你所有信念的核心。

没有什么感觉是"新的"。你在所有关系中体验到的一切不适感都早已存在，从你一出生你就携带着它们，甚至更早——在你受孕于母亲的子宫时，它们就已经存在。这些感觉是伴随着身体而来的，而且，在你的亲密关系中，你的伴侣具有天赋异禀的能力，可以反映出你最深的人类感觉。恐怕这就是为什么有的婚姻激起了想杀人的怒火、造成了毁灭，带来一辈子的心碎、诱发了有自杀倾向的抑郁——人类的各种感觉在此都展现得淋漓尽致；每种感觉都在为一个自我信念提供动力，而这个信念百分之百不是真的。你的伴侣从来都不是你不快乐的原因，他们反而可以有力地支持你去面对自己的人性——"你只是血肉之躯"的信念，这是你自我概念的关键部分；他们还给了你机会，让你*看清*超越人性虚幻外相的美妙真相。

好吧，比如我的伴侣做了件事，我看到这个行为时，发现自己觉得不舒服了。所以，我要去体会我的感觉，而不是埋怨伴侣，那……然后呢？

也许理解痛苦究竟是什么，会有助于你面对人类的不适感。因为我们有一个倾向，就是无论身体内发生了什么，我们便声称这是我的，从而忽略了事实，即我们所体验的痛苦其实并不属于我们。你可以将痛苦看作穿过你的能量，在你身体的不同部位呈现。想象一下，把一枚曲别针弄直，并插入电源插座中。显然，你会体验到一股电流进入你的身体。这股电流属于你吗？是你的吗？不，它不属于任何人。其他人或许尝试了同样的事，得到了完全一样的结果。虽然，他们可能有不同的故事，来讲述他们是如何触电的，他们触电的感觉如何，但是那个电能与你所体验到的一般无二。

人类的痛苦也是如此。你可能争辩说，你觉得自己不够好，是因为父亲总是批评你。别人可能说，他们觉得自己不够好，是因为父亲总是表扬他们，他们无法达到父亲的期望。几乎每个地球人都会体验到不配得，这也许是每个人的自我概念的主要构成部分，但它却不属于任何人，也与一个人的实际价值毫无关系。但一旦你将不配得变成自己的，并用过往的故事把它包裹起来，它就变成了你个人的包袱。如果不配得和被遗弃的感觉，又掺杂在你与父母关系的故事中，那么，你伴侣的行为，会不由自主地让你联想起父母之前是如何对待你的。纵观历史，我们是否时不时就会冲着配偶嚷嚷一次这样的话（或类似的话）呢："你就像我爸一样——总是让我失望！"

好吧，所以这些感觉不属于我，只要做人，就没法避免它们。但我伴侣的行为，还是会触动我的这些感觉。依我看，要不是伴侣让我注意到坏感受，我本来没觉得有什么不好的！

我明白你的意思。在我早年的人生中，当不适感升起时，情况似乎一目了然——"你伤了我，都是你的错，你是坏蛋，而我是你残忍行为的无辜受害者。"当我还活在自己无意识存在的阶段后期时，无论我多么努力地为自己的感觉负责，我还是会情不自禁地想：当时我老婆要能这么干，我就不会觉得不舒服了。是的，我会向自己承认，这些是我的感觉，是我把它们带到婚姻中的。是的，我还是小男孩时，就觉得自己微不足道，被妈妈忽视了；从此，我就一直把这些感觉携带在潜意识中。是的，我跟母亲的关系影响了我，让我形成了对自己的负面信念，而这都不是我妻子的错。尽管如此，她还是不必让我把这些烂账都翻出来，全部再经历一遍的！不知怎的，就算我竭尽全力，我还是能想方设法地将我的痛苦和受苦归咎于妻子。

自从我从催眠状态中醒来，开始理解情绪成年的意义时，我就明白了：（1）这些并非我专属的感觉；（2）我没有将其携带在我的潜意识中，因为我没有潜意识；（3）我的母亲从来没有伤害过我；（4）我不是根据我的遭遇来形成我的信念的；（5）我的妻子是完美的伙伴，是我生命设计的迷人之处。正因如此，她是我人生目的的一部分，而此时，我似乎越来越能看清真相。既然信念——无论有多正向、多灵性——都并非真相，所以她一直在为我举着一面镜子，让我认出那些谎言、故事和幻象——正是这些试图阻止我看到我的本质，或看到本质之上，那个妙不可言的存在才是我。

好吧，所以一旦我明白了伴侣不是我不快乐、痛苦或受苦的原因，那么当伴侣说了什么、做了什么或没做什么，让我感到恼火时，我该怎么处理这个难受劲儿呢？

我很高兴你这么问，正是在这里可以引入过程。首先，我想清楚地说明，当我谈论过程时，我并不是在讲一个灵性技巧，或任何种类的疗愈工具。一开始，我会概要介绍一些步骤，你们可以跟着做，但到了某个点可以舍弃，因为这些步骤所代表的才是最关键的。最初，也许你需要在一个不受干扰的空间来完成各个步骤。一旦你理解了过程的体验，并找到了感觉，你就可以在任何时间、任何地点走过程了。

◎过程：通向妙不可言之门

我曾听过大卫·史纳届的一句话，并至今念念不忘："当生命想让你成长时，它会给你送来一个刺激物。"在概述走过程的步骤时，引用这句话作为开端是恰如其分的，因为当你认为伴侣在惹恼你时，这就是有过程可走的信号了。

第1步

捕捉到自己正在对行为起反应，并问自己："如果我心烦，那这种反应的背后，我一定是体验到了什么——是被遗弃、不配得，还是心碎？"你的直觉马上就会告诉你，当下情境向你反映的是哪种体验。

第2步

找出体验的部位。留意观察你的身体，你可以找到有感受、情绪或感觉的部位。把手放在身体的那个部位上。这能帮助你把注意力集中在那里。

第3步

放松，进入这个体验。放松能把你更深地引入这个感觉，并将你带到感觉的中心。

第4步

认出这个感觉是种能量。平静地关注，你的觉知会向你揭示，那个不舒服的感觉既不好也不坏，而且具有能量的所有特点。想象一下，这个能量可能显现为波形、脉动或星云。它甚至可能具有某种色彩，或发出某种声音，只有你的内在之眼可以看见，内在之耳可以听见。

第5步

让过程带领你，无论会去到何方。此时，那个感觉可能直接就消融了，留下的是平静或喜悦的感觉。或许，它会指引你的觉知深入探究，你可能会接触一股宁静、喜悦和充满爱的力量，这种力量没有任何的振动或辐射，似乎是静止的。我将其称为**本质**。你可以在此终止过程，或者更加放松地进入本质，在这种情况下，你有可能消失，而对**临在**的觉知可能会升起。临在呈现；这就是你；故事到此为止。

我的本质和你所谓的临在之间有什么区别？

虽然本质是可以描述的（虽然也不够到位），但临在是妙不可言的，意即无法形容的。本质是那个纯粹、平和而喜悦的存在，靠着你的血肉之躯，独特地表达了自己。你所有的创造天才、天赋、天资都来自本质。本质已是如此深刻美妙，而那妙不可言的临在更远甚于此！

极乐、超越理解的平和、无条件的爱、深深的欣赏、了知……这些词可以用来描述那些人格消失后又重新出现的人所残留的印象，但似乎没有一个人能描述出你在那里时的状况。只因为那里没有你，没有它，也没有那儿！

我没搞懂。

因为这无法描述，只能去体验。过程就是直接的体验。我想再次提醒你，描述出的步骤并非体验本身；步骤只是为了帮助你去体验的。

因为这个主题至关重要，我想再用三种方式来说明过程，希望你能找到一种最符合你性格的描述。无论你选择什么样的方式，起点都是一样的——每当你的伴侣说了、做了或没做到什么，这似乎让你感到心烦、生气或焦虑：

1. 注意到你的恼火，捕捉到你对外在刺激起反应的倾向。

2. 问自己：*在恼火背后，我必定在体验的是什么呢——被遗弃、不配得还是心碎？* 倾听你直觉的回应。

3. 问自己：*我在身体的哪个部位有不舒服的体验呢？* 注意到你身体特定区域的感受——紧绷之类的感觉。如果你有情绪麻木的倾向，那就问你的直觉：*假如我知道位置，那么是我身体的哪个部位，体验到了不舒服呢？* 信任你的直觉或想象给出的任何回应。要不然，就编一个回答。

4. 把手放到身体的那个部位，把注意力带到那里。你可能会把感觉看成或想象成某种能量模式，具有特定的颜色，在你身体里不舒服地振动、脉动或辐射着。你甚至可能听到它发出某种声音。感觉也可能会增强，或变化成了更强、更深的不适感。

5. 提醒你自己这种感觉不是真的；它其实是真正的平和与喜悦乔装而成的。接着放松，进入感觉，让你的觉知深入内在，进入感觉的中心。你可能会发现那里是寂静的；一般而言，你的首次体验是平淡而了无生机的，但最终会有一种宁静、极乐或类似的愉悦感。

6. 欣赏内在的美丽。

7. 你可能发现，过程在此结束；或者，你会就着这份寂静，继续冥想，让过程带你走得更远——也可以说，掉到兔子洞里 ①。

这里还有一种走过程的方式可能适合你，许多对感觉还不熟悉的人，更喜欢这种：

1. 你的伴侣让你心烦。

2. 意识到你心烦了，并提醒自己：*如果我心烦，我肯定是不开心了。*

3. 找到你身体感觉到不开心的部位，如果有帮助，可以把手放在那个部位。体验、感受，或观想那个不开心的感觉是如何在你的内在空间出现的，注意到它的颜色、模式，以及"大小"。

4. 你由心而发地提醒自己：*我是那个妙不可言的存在，有意识地创造了这种感觉。这不是真的，这是幻象，这其实是真正的平和与喜悦乔装而成的。*

5. 提醒自己：*我欢迎这份真正的力量回到我的觉知中。随着它的回归，我对"自己真正是谁"的认识在不断拓展。我是那妙不可言的存在。*体验、感受，或观想那个力量回归于你。

6. 欣赏一下，这不快乐看起来是多么逼真：*我很惊奇的是，这种感觉*

---

① 译注：《爱丽丝漫游奇境记》中的女主角爱丽丝意外掉进兔子洞之后，来到了一个奇妙的世界，有一连串不可思议的奇遇。

似乎如此真实，而且彻底地愚弄了我！

7. 检查内在是否还有更多不快乐的感觉，如果有，就再走一次过程。

你有可能受某种特别方式的吸引，或者把所有的方式都试验一番，或者从不同方式中抽取某些步骤，创造出自己的回应方式。随着时间的推移，你会觉得不用那么别扭地使劲记住步骤的顺序，你也不会再觉得自己是在刻意应用某种技巧。取而代之的是过程的自然流动，你会看见过程其实是接纳、觉知和欣赏合为一体的体验。

1. 接受不适感，放松进入这个感觉。

2. 觉察到不适感是能量的显现，在你之内——你的内在空间中——振动、脉动或辐射。觉察到在能量模式的中心，有明显的动力源。

3. 欣赏那虚幻的能量模式的美妙，欣赏位于其中心的动力源，如果你能做到的话，可以进一步欣赏这一切的源头。

◎三位好友

接纳、觉知和欣赏这三种品质，有点像三位总是一起玩的伙伴。接纳之后似乎紧跟的是觉知，很快欣赏又出现了。单独看每一个品质时，你可能会发觉它们的意思与字典上的定义稍有出入。

◎接纳

最初接纳可能会是个不小的挑战，因为我们在面对各种情境或他人的行为时，常常会觉得自己的快乐受到威胁，或就是觉得看不顺眼。接纳经常会跟容忍甚至是无奈搞混，而实际上接纳是完全和平的体验，是不起反应的。这里没有尝试去评判或改变正在发生的事——这两种倾向都表明，你在排斥某个情境或个人。在接纳中，没有任何攻击或防卫，只是简单地承认你面对的是什么。"这就是正在发生的"以及"事实就是如此"这两句话反映出，你优先选择了接纳。当你觉得倾向于拒绝面前的情况时，你可以向自己重复说这两句话中的一句。我发现说"这就是正在发生的"，经常能让我放松下来，并观察我面临的情境的幕后有什么。

谈论到关系时，如果你不接受伴侣的行为或态度，一个原因是伴侣没有满足你的需求或期待，而你早已认定这是伴侣的责任了。第二个原因是：你伴侣的生活方式似乎让你不舒服，也许这像镜子一样反映出了你不重要或没有归属的感觉。在这种情况下，你伴侣的行为或态度似乎让你觉得紧张和不舒服，你可能会落入防御的姿态，开始愤怒、指责或谴责。在这个关头，只是接受伴侣现在实际的样子，通常不会是一个会欣然而来的想法。不过，正是这个步骤，能最终促成更充实的体验，无论是你自己内在的，还是你跟伴侣之间的体验。总而言之，你不愿意接纳是因为你有以下的信念：

- 你伴侣的行为引起了你的不适感，因而是错误的，必须改变。

- 你伴侣的行为没有满足你的需求，因此必须改变。

- 你的伴侣打破了明确表达的或心照不宣的约定，因此必须改变。

以上三点暗示了你不接受伴侣的行为，还有另一个可能的原因——这妨碍了你想去改变对方的计划。

当你明白了你伴侣的基本性格不会改变，而且改变伴侣反正也不是你的工作，这时产生的奇妙平和的状态就是接纳。你的伴侣就是这么一个人。久而久之，某些行为或态度上的调整可能会发生，但是（1）基本性格永不会变；（2）不会因为你想努力改变伴侣，就会有任何的改变发生；（3）你的需求不是伴侣的责任；（4）你的不适感不是伴侣的错。认清这些要点中的真相，会打开接纳的大门。通常，接受你的伴侣往往会将你们的关系带到一个美妙和谐的层面。

区分接纳和无奈之间的差异也很重要。虽然无奈可以是朝向接纳迈出的一步，但这更多是出于气馁。当气馁程度很深时，无奈的伴侣会放弃关系，转而采取勉强妥协或牺牲的立场。

◎ 觉知

通常，人们的觉知似乎是分裂的。人们在见证一个事件的同时，也在阐释事件的意义及事件对个人的重要程度。在这些情况下，你可以说他们的注意力分裂在了这几个方面：现在正发生什么，这件事情与过去的关联，以及它未来会如何演化。心智就是如此这般在时间中穿梭，间或留意一下当下似乎在发生什么。这样的觉知体验，没有一致性或真正的焦点，也没有真正与当下发生的一切保持临在。我甚至会给它一个矛盾的定义，称其为无意识的觉知。

真实的觉知，是体验到有意识的、非个人化的注意或观察。这远超过感官信息的摄入，也超过仅仅坐在长凳上，观看生命的多种显化而获得的体验。这是一种无法定义的临在感。例如，你可能坐在桌前，看着桌面上的物品，你可以说你觉察到了这些物品的存在和临在。但是，我提到的觉知是一种超越感官的认识。这是种非视力的观察的力量——你可以说，你正在观察你自己在观察着这个世界。因此，存在这么一种觉知：你不是身体，你甚至不在身体中。你可能体验到迈步走出自身并观看着情境——你的身体是情境的一部分——而且你从每个可能的视角，在同时观看着！要体验到那种纯粹的觉知，需要脱离你对自己人生中的每个人、每个地方和每件事物赋予的个人意义，而仅仅是中立地观察这一切。这也意味着去观察观察者。

哪怕觉知似乎经常是在头部感受到的，但觉知也并非来自头部。这是另一个信念，将个人注意力与觉知等同了起来。不过，既然你可以觉察到你的头，那很明显你的头部是在你的觉知中的。这个区别就像看和看见，听和听见一样。

如果你关系中有某个情境，似乎是你受苦的原因，你很可能是从个人的视角在观察这个情境。在那些情况下，你常常会认为是你的伴侣引起了你的恼火或不适。这意味着你把你的感觉当成了你的个人财产，而事实上，这些感觉根本不专属于你。痛苦在这个全息实相中是一种普遍的能量，但一旦你把它变成是你独有的，你就卷入了各种戏剧中：要保护自己，排斥痛苦，指责伴侣让你痛苦，试图改变或惩罚伴侣，等等。

但如果你后退一步离开这个情境，或走到情境的**外部**去，从非个人化的视角来观察这个情境，你的情绪化反应就会消散。开始这么做的最简单的方式就是"觉知回路"。这个工具是盖伊·亨德里克斯和凯瑟琳·亨德里克斯（Gay and Kathlyn Hendricks）设计的，能帮你将觉知从观察周边转移开，并将觉知指向你内在感觉层面的体验。然后你将觉知移回外部情境，然后回到感觉上。凭这种方式，你仍和自己的伴侣以及自己的感觉保持着联结，但执着会减少，还能避免不知不觉地从感觉中解离；而与此同时，发生情绪化的反应以及防卫的可能性会降低。

以下步骤说明了你在和伴侣互动时，如何应用觉知回路：

1. 用一分钟左右的时间，倾听伴侣在说什么。

2. 在五到十秒内，将你的注意力转向内在，留意你的感觉，并感觉与伴侣的表述是如何呼应的。也许你感到了防卫、愤怒、悲伤或其他的感觉或情绪。

3. 再度让你的注意力向外，放到伴侣的表述上，花一分钟左右的时间。

4. 向内，并留意你当下的体验。每次你向内时，更多地注意你脆弱的感觉，更少地注意你的防卫性反应。

5. 如果你讲话，尽量避免说防卫性或攻击性的话，而是让话语出自尽可能深的地方。讲话时，留意你内在正在体验什么。

6. 当你和伴侣讲话时，保持回路，注意到对方的沟通，同时持续留意你自己的内在体验。

最开始可能有点别扭，但稍加练习，你会体验到这是毫不费力的流动，你会越来越清晰地看到，你外在的看法反映着你的内在体验。你甚至可能开始意识到你，那妙不可言的存在，正身处这人类体验之中。你就是觉知，每件事似乎正在觉知之内发生，你的言行以及伴侣的言行都是这份体验的同等组成部分，而你正在觉知中拥抱着这份体验。

◎欣赏（哇哦！）

欣赏是敬畏＋爱＋感恩的奇妙体验，而且只能在意识之中、在超越时间的那个当下，才能真正体验到。敬畏来临之时，无须通过任何感官，却可以看见那个妙不可言的你，位于世间万象的背后并超越其之上。有时候，**看见**是直觉地感受到或感知到的。我这么说并不意味着，看见是想象的或是信念编造的。直觉就是透过你本质无形的眼睛在看的。

爱是通过非感官的方式体验到的，而且爱是一种众所周知的力量，但不是我们称作能量的那种力量，而且爱绝非个人化的体验。这种爱的体验是无条件的，因为爱不需要任何条件——无论是物质的或精神的——就能存在。

感恩充满了觉知，但不是针对某个人或某件事的。这就是一种感受：单单存在着，并能成为这不可思议的生命设计的一部分，就已经幸运得难以想象了。

爱 + 敬畏 + 感恩 = 欣赏

这听起来太棒了！不过，说得这么好，能是真的吗？

只因信念在你和体验之间，制造了距离的幻象；而事实上，欣赏比你的身体离你更近！任何时候都可以体验到欣赏，只有信念让你对此视而不见。

当我和伴侣吵架时，或我跟某个孩子有纠纷时，或我生活中遇到大问题时，我就是没法想象，还能有欣赏的感觉。

有三种可以体验到欣赏的方式，概述如下：第一种，在你和伴侣有冲突的时候，你很可能有愤怒或恼火的倾向，如何把欣赏带入这种情景，你大概很难想象。倘若你能记得，你生命中出现的恼火和焦虑其实是个机会，能让你面对信念以及信念的动力源——感觉，意识到这些会让你有一种明白感——对很多人而言，这就是欣赏的起点。欢迎这种感觉进入你的觉知，看见这种感觉是纯粹的喜悦与平和乔装而成的。如此，关于你本来面目的觉知便得以扩展。随着你体验到欣赏——这是过程的自然延伸——欣赏也会触及对方——那个帮你觉察到恼火或焦虑的人。当你看到这是真的时，你会深深欣赏伴侣支持你，帮你看到了真相。如果你不能表达欣赏，也许还有更多的限制或伤害要去面对，但你还是可以**意识到**，伴侣的行为是为了帮助你，去面对不适感及其背后的谎言（信念），并在直觉中欣赏这一切。

第二种邀请欣赏来临的方法，不涉及过程的其他步骤。每当你在生活中觉得不舒服时，可以随时走过程；不过，有时欣赏提供了一条捷径。有一种理解方式，就是你认识到：你的关系与你的人生目的息息相关，因此你伴侣说的、做的，或没做到的，都是完美设计好的，就是为了让你醒悟到人生的目的。明白了这点，你就有可能欣赏那个让你愤怒的人，对方完美地完成了自己的本职工作。即使你不能公开地欣赏他们，你也可以从勉强承认或钦佩他们如何把你逮个正着开始。当你心烦意乱时，这种欣赏练习与走过程练习的效果是一样的。你甚至有可能会不断地惊叹：伴侣的设计竟然如此完美，而这个设计竟然是为了这个目的！

第三种欣赏的机会，可能会在你关系的和谐期出现。此时，你有机会自发表达对伴侣的欣赏，欣赏对方的本来面目，欣赏对方支持你醒来并不断增加对真相的觉知。赞叹你完美的伴侣关系吧，赞叹你的故事吧——故事的编写令人拍案称奇，居然把这个人带入了你的生命中。花片刻时间去拥抱你的伴侣，注意到一个身体在拥抱另一个身体——虽然身体并非你们俩的本来面目——让对这一认识的敬畏，打开爱和感激之情。

所以无论我感觉好还是坏，我都可以将欣赏带到我的关系中来，对吗？

完全正确！你不是非要喜欢正在发生的事，才能去欣赏的。你的心总是在体验着欣赏，而且你的心在每个场景中都是临在的。无论你面对的是什么，观照你的心，你会发现欣赏一直都在那里。

现在，让我们把过程的三要素放到一起，来看看这个设计是多么完美而巧妙：

1. **面对情境，并留意到情境为你反映了什么不适感**（被遗弃、不配得、心碎）。按照你的实际体验来**接受感觉**，放下为什么、怎么样之类的问题，并放下这两个疑问词诱使你进入的故事。"这就是正在发生的"，以及"事实就是如此"。这两种来自如是观察的表达有助于把故事挡在门外。

2. 去留意你感觉的细节。感觉似乎保持在你身体的哪个部位？感觉出现的形式似乎是什么——是有色振动、脉动还是云雾？去觉察感觉中央的能量。觉察到真正的力量，那个能量的创造者，存在于你所体验的每件事之后，并超越其上。你会消失，而**真正的你就是觉知**。

3. 随着接纳和觉知的增长，欣赏开始毫不费力地流动。一种敬畏、爱和感恩感在觉知中成长，还有一份*了知*。了知不是知道什么事情；事情是用于信念的。你可以说接纳、觉知和欣赏构成了*了知*。

甚至在我写以上文字时，我仍为这个理解感到震惊：开始，似乎是关系上闹别扭了或爱人间有争吵，但这些都能变成深刻而美妙的体验——古往今来的大师和圣贤一直在尝试描述的不就是这种体验吗！老子、克里希那（Krishna）、辨喜①（Vivekananda）、佛陀、克里希那穆提（Krishnamurti），还有其他众多"灵性觉醒"的人，在各自的教导中所暗示的，是人人都唾手可得的，只要你捕捉到自己在拒绝正在发生的，并简单地把接纳、觉知和欣赏带到当下即可。

你叫作"过程"的整体理念，我都不熟悉，该怎么办？我一直在努力搞好关系，在练习透明沟通、个人全责性、宽恕等。我口中一直谈到的"过程"，就是应用各种自我安抚和疗愈的技巧。

技巧的目的不一样，这取决于个人的情绪成熟的水平或阶段。如果你采用的某些技巧鼓励你去体会你的感觉，可能表明，这就是你探索*内在空间*的起点。对你而言，这看起来似乎没什么了不起的，但在我当咨询师和

---

① 译注：印度近代哲学家，是把印度传统哲学思想和瑜伽修行介绍到西方的先驱。

工作坊导师的三十多年中，我目睹了大量的人连感觉是什么都不知道，更别提把他们的觉知带到某种感觉上了。

首先，我一开始就要说明，愤怒**不是**一种感觉，悲伤或焦虑也不是。你可能看见一个人号啕大哭并假设他们感到了悲伤，而事实上，他们什么感觉都没有——相反，他们可能是用悲伤和悲痛的情绪，排斥自己失落的感觉。他们要真感受到了失落，眼泪和哀伤的声音也许还会有，但他们的肢体语言很可能会更安静、更内敛。人们把感觉和情绪混到一起是很常见的，但把两者区分开来对你是有帮助的。

情绪一般是发泄或排除不适感的尝试。也许你去过深入探究人类感觉的工作坊，并看到有人一边在地上打滚，一边在呻吟或尖叫着——甚至痛苦万分地拽自己的头发。你也可能看到其他人坐在椅子上，身体抖动很长时间，同时泪水像无尽的溪流般顺着脸庞流下。其他的人可能怒气冲天，在那里捶垫子、双手拍墙，或拿椅子砸地板。

在欧洲和北美，这些宣泄的例子从二十世纪六十年代一直到二十世纪九十年代都很受欢迎，有些课程目前还在鼓励这类反应。我以前也是通过每天有多少人落泪了来衡量我的工作坊有多成功。后来我意识到，情绪的宣泄并不是个人、情绪或灵性成熟的必要组成部分。不过，对某些学员而言，这是他们探索自身感觉的良好开端。

但过程不是一种疗愈或治疗的技巧，虽然过程这个词也在那些领域使用过。我谈论的过程并没有意图去修补、疗愈、改善或改变你自己或你的关系。过程可以帮你体验到真正的快乐。一旦处于那种体验中，问题、痛苦和受苦就很容易化解了。

◎感觉糟糕有什么不好的呢？

我们之前说过，人们常认为真正的快乐是一种好的感觉，因此，大部分人都花了大量的时间在追求好的感觉，避免坏的感觉。但因为快乐是无条件的，我们也不妨说坏的感觉与好的感觉一样，都可以是通向真正快乐的大门。当然，无条件意味着实际的*道路*根本不存在，唯一隔在你和体验之间的，就是*无门之门*。所以这么看会更容易：坏的感觉不像大部分人认为的那样是快乐的障碍。因此，当所谓的坏感觉升起时，不用将它当作敌人，而是看成来自意识的讯息，召唤着你睁开眼睛，*看见*实相。当我们不把世界分成好坏对错的时候，我们可以接受世界的二元性，并去感应让世界得以存在的非二元的力量。

那么我怎么去"只是感受我的感觉"呢？

表 2.1 列出了不同的人类不适感类型，我能想得出的都在里面。并非所有的都是感觉，但所有的都是你在关系环境中，很可能会经历的人类体验。它们也是一些信号，在邀请你去注意机会，并抓住机会，放松进入过程。粗体的词语表明这是最原初的，甚至可能是*原始*的人类感觉。

表2.1　人类不适感类型表

焦虑	悲伤	愤怒	遭到背叛
不配得	**失落**	被遗弃	**孤单**
心碎	**嫉妒**	不被爱	**无望**
不被赏识	**无助**	误解	无用
无价值	**徒劳**	不够格	**绝望**
凄凉	尖刻	不耐烦	挫折
失望	虐待	恼火	内疚
不重要	需索	生气	微不足道
羞愧	**不顾一切**	尴尬	羞辱
防卫	窒息	怀疑	**无力**
激怒	**孤独**	**空虚**	不确定
恐惧	懊丧	虚无	**仇恨**
气馁	担心	心烦意乱	**无意义**

　　你或许能够想出一些我没有提到的不适感，所以请尽管把这些写到表中去！我没有以特定方式排列这些体验，因为不适感就是不适感，痛苦就是痛苦，根据强度和在身体的部位（当然，还有你想讲的相关故事），我们会辨识出痛苦并为其贴标签。虽然掉入彻底的无力感，看似比不耐烦的状态更显著些，但针对这一切的回应都是接纳、觉知和欣赏。不过，我发现，许多过程始于某个特定的不适感，比如被遗弃、不配得，或心碎的失望，

而且经常会导致更强烈、*原始*的感觉。毕竟，我们的核心信念正是靠这些原始感觉而形成的。

如果你不习惯觉察自己的感觉，你可以给这个不适表拍张照片随身带着。下一次你和伴侣之间产生冲突或刺激时，你可以用手指从上到下画过这张表，直到你觉得对某一个词有身体或情绪上的响应为止。你可能发现自己对好几个词都有感觉，这就取决于哪个词给你的冲击最大。然后你可以问自己在身体的哪个部位持有这种能量，并接收直觉的回应。然后，你就带着接纳、觉知和欣赏上路吧！

◎判官来了！

简单回顾一下，很少人（如果有的话）能够在关系的整个过程中免于痛苦或不适的体验。这不是你伴侣的错。痛苦是根据你的生命设计以及你意识成长的阶段出现的，而且与你的人生目的息息相关。没有一项痛苦是随机或偶然发生的。情境和人并不会在我们之内造成痛苦。相反，痛苦出现了，我们将我们所处的情境阐释为痛苦的起因。实际上，所有的情境都是中性的、无原因的，所以是你自己的防卫机制启动了，让你将情境阐释为*错误*或不幸。这种阐释称为*评判*，一旦你评判了，你便巩固了自己对情境以及痛苦体验两者的排斥。

评判是你赋予某物的个人评估，而且常常伪装成了普遍的评估。你说你喜欢巧克力冰激凌，这是一种个人偏好，但是说巧克力冰激凌是世界上最棒的冰激凌，却赋予了它普遍价值，而这实际上不是真的。

评判的基础是这个：凡我讨厌的都是坏的和错的，凡我喜欢的都是好的和对的；凡威胁到我的都是坏的，凡给我慰藉的都是好的。在关系中，也有以这种方式评判的倾向，目的是给你一种力量和权威，帮你控制你的环境。如果你不喜欢伴侣的行为，你可以宣称这是错的，然后做出必要纠正的责任就落在伴侣身上了。这样，你待在一个正义和优越的安全位置，而你的伴侣必须竭力弥补自己的错误，并努力提升自己，来符合你的观点——你断定你的观点才是正确的。关于这个主题，考虑以下这些要点可能会对你有帮助：

- 评判是你的"防卫、控制、安全和操纵系统"（在第八章详述）中的一环。
- 评判将你生命中的每件事都分成好的和坏的，并维持了这种分离。不过，分离并非真相。因此，评判支持的是你和你生命中非真的部分。
- 通常，你伴侣的行为让你觉得不舒服时，你才会判定对方是错的。
- 评判强化了信念，而没有一个信念是真的。

什么？你说"没有一个信念是真的"是什么意思？

信念是真相的替代品。当你无法**真正知道**时，你会用信念取代真相，信念是心智建构出来的产物，是某种可以思考的东西。但要了知真相只能去体验。你可以认为外面在下雨，这是你的一个想法，但如果你出去淋到雨了，你就了解了，所以你无须思考，就已经越过了信念。

评判将信念分成好的和坏的两个类型，并将信念在类型中固化。因为你的许多核心信念都是基于你个人的软弱、痛苦、恐惧和需求之上的，而且因为你判定这些脆弱的特征是错的，你所谓负面的核心信念，也统统会被你判定为错的。而且，如果你伴侣的行为方式似乎触动了那种脆弱，那么你伴侣的所作所为也必定是错的。请细看下面这张评判表（表2.2）。

表2.2　信念评判表

错误（坏）	正确（好）	错误（坏）	正确（好）
不安全	信心	错误	完美无瑕
胆小	果断	害怕	勇气
愚蠢	聪颖	多愁善感	冷静清醒
悲伤	高兴	需求	独立
软弱	力量	悲观	乐观
脆弱	无懈可击		

人们似乎很容易落入习惯，将人性划分为好的与坏的特质或特点，这会促使一个人设法去减少自己的负面的面向，并增强正面的面向。如果你是这样的，那么你个人的评判就成了你自我评估的标尺。因为满足对重要性的需求，在你的生活中是首要的，所以无论你判定自身哪里错了，都会

威胁那个目标。而且，伴侣对你的行为，哪怕有一点让你看起来是错的或坏的，或让你感到自己是错的或坏的，那伴侣也变成了威胁。所以，你也在评判伴侣的好坏对错，而这取决于伴侣让你感到自己是好是坏，是对是错！要是伴侣为你的自我价值感打气，那他（她）就是个好配偶，你们的关系势头也不错。如果你的重要感没有得到增强，那么伴侣就在做出错误的行为，而你们的关系也进展得很糟糕。那么，你对关系的评价就完全取决于：（1）你的感觉如何（重要或不重要）；（2）你对自己的这种感觉的评判。

我们换一种方式来看一下。想想这种可能性，即关系的目的根本不是为了满足你对重要性的需求。也许你认为你进入关系中，就是为了让自己觉得特殊，但如果你的个人需求、渴望、梦想和期望与关系的真正目的毫无干系，会怎么样呢？也许关系与你的重要性无关，但它关系到你的**无与伦比**！若是这样的话，你的个人评判无论如何都不符合你的最佳利益，顶多是个提醒，提醒你这里有一个你信以为真的谎言。因此，以下强迫性的模式——（1）注意到伴侣的行为；（2）判定这个行为是错的；（3）努力改变伴侣——可以在觉知中浮现、消融。剩下的是一个全新的机会，完成下面的句子可以帮你实现这个机会（记得：你可以将"伴侣"这个词替换为你的孩子、父母或兄弟姐妹等的名字）：

- 当我的伴侣_____（描述你的伴侣做了什么、没做什么或说了什么）时，我不喜欢。

- 当我的伴侣有这种行为时，我的反应是_____（在生气、恼火、
  焦虑、触怒、愤怒之间选一个）。
- 如果我去看，我会发现在我的反应之下的感觉是_____（如果你
  需要帮助来识别你的感觉，请参考表 2.1）。
- 与这个感觉相关联的信念是：我是_____。

一旦你识别出了关键感觉和信念，就把手放在你身体似乎有这个感觉
的部位，闭上眼睛，让过程带你去穿越。

简而言之，评判总是指向一个谎言，一个让你无法看见自身真相的谎
言。无意识的评判导致强迫性的防卫行为，意在控制你的环境并操纵他人
去改变。当你意识到你在评判自己或别人时，你可以马上发觉，你感到不
开心了。这种不开心的感觉只是表面的幻象，仅仅是伪装而已。你可以穿
透它，**看见你是谁、你是什么的真相。**

这在我听起来太笼统了。毕竟，我进入了各种不同的关系，
而且我很清楚我的意图是什么。我形成了工作关系，好完成任务，
在做事的同时还能有快乐时光。我工作上的同事跟"真相"有什
么关系呢？毕竟，一个人与牌友聚会，或参加慢跑团体、陶艺课程、
交谊舞协会或读书会，可不是为了体验自己真正是谁或是什么的！

你想想看，你做出的那么多决定——做什么，和谁在一起，以及去哪里——都是出自某个神秘的来源，而且是突然出现在你脑海中的。看似你做出了每个决定，但你真的能宣称，自己确切知道每个决定的目的吗？是什么让你对朋友和亲密关系感兴趣，而又是什么激发你去维持这些联系呢？你形成各个层面的关系，是因为你需要人陪伴，或需要觉得自己在世间有意义，甚至是需要生存下去——这么说很容易，但这种需求只是你体内的生理/情绪感受而已。是什么力量，在指引这些感受指向特定的人呢？是什么神秘的力量，让你在特定时间处于特定地点，这样你便可以邂逅未来会成为你亲密伴侣的那个人呢？

我曾经遇到了一位女士，我被她深深吸引，为此离开了我的城市，搬到了加拿大的一个小镇上，好和她住在一起。一年后，我们分手了，我陷于巨大的痛苦中，所以我去夏威夷参加了一个工作坊来"疗愈自己"。在夏威夷，我遇到了一位女士。下面是这个故事的一些要点：

- 我搬到了小镇上，以为我进入了一段长期的亲密关系。

- 我来到夏威夷，相信是分手驱使我去那里的。

- 在我遇到素梅之前，我从没打算过结婚或要孩子。

- 此前，亚裔或亚洲文化的人，从没吸引过我。

- 素梅讲不了几句英文，而我根本不会说汉语。

- 我一遇见她，就"知道"我会和她结婚。

- 四个月后，她离开了台湾的工作、朋友、家和亲人，来到加拿大和我住在一起。虽然那时她的英文有了长足的进步（现在她都可以帮我编辑我的作品了），但还远算不上流利。但是，她离开了她的亲人以及她原本要嫁的那个人，对我几乎一无所知，便来到加拿大和我住在一起。

- 在首次相遇的十个月后，我们结婚了，婚后第二年我们就有了第一个孩子。

所以，这么一个男人——对家庭或婚姻不感兴趣，不觉得亚裔女性有吸引力，没有经济保障，也没有语言能力——遇到了一位几乎要与另一个男人订婚的台湾女士。她只会说一点点英文，从没被白种人吸引过，一点也搞不清楚加拿大的生活与中国台湾地区的生活有多么不同，而这两个人却在十个月后结婚了。这么不可思议的故事，我怎么能将著作权据为己有呢？我怎么能假装宣称，我从一开始就知道我在做什么呢？当然，我可以说，我对重要性的需求促使我去接近这个美丽的女人，但这只是一种能量，似乎能让我不懒散，有精力展开行动而已。随着事态的发展，我可以绝对肯定地说，我对于正在发生的，一点都摸不着头脑。

我们经常把目的和原因搞混。我们可能认为，我们知道为什么特定情境会如此发展的原因，但这个事件的目的，却超出了我们有限的理解范围。如果你要完成"我结婚是因为_____"这句话，你和伴侣能想出的各种原因，你都可以填上，还可以加上朋友、家人和关系专家的意见，这下你可能会得出你为什么进入这段关系的全面解释。完成"我交朋友是因为_____"这句话，你可能会提供不同但类似的解释。但在这两种情况下，你只能从个人的观点来理解事情。你关系的目的超越了所有个人层面，独立于你所有的理由和个人理解而存在。理由主要是让你待在罗伯特·沙因费尔德（Robert Scheinfeld）所称的故事国度中，而目的会把你带入奇妙世界中——哇哦（WOW）①！

有了"后见之明"，同时从人类的催眠恍惚状态中醒来后，我有了新的视角，我看见我与妻子的偶遇——以及发生在我生命中的其他所有事情——都是一个惊人的、神奇的、活生生的设计，而且我对此施加不了任何个人影响力。我内心感到我生命中没有一件事是随机或偶然发生的，虽然我看到道路前方有多条岔路，但在任何时候，**克里斯多福**都没有选择过走哪条路。我当然想说我的职业成功了，是因为我做出了正确的选择，也因为我有强大的意愿和坚持的决心。就我个人而言，我与妻子的关系纯粹是凭着观想和选择体现出来的，但这说法对我来说，不符合实情。

如果我刚才写的关于目的的话是真的，这对于我在生命中犯的错误，意味着什么？对于我妻子的错误，尤其是那些似乎伤害到我的，又意味着什么？我还指责她故意做些事情——我相信她明明知道这些事情会惹恼

---

① 译注："奇妙世界"英文的首字母缩写即 WOW（哇哦），这里是一语双关。

我，伤害我，给我带来不便，这又意味着什么？当我提出我的妻子不是我不快乐或痛苦的起因时，我也暗示了一个更深奥的原则，即：如果我受伤了，这是完美生命设计的一部分，而且，没有人要为伤害或者设计负责。

当我在工作坊中提出这点时，经常会有些学员很反感，因为听起来好像我要把世界上所有的坏人都放一马。我可以旁征博引——《罗摩衍那》（Ramayana）《摩诃婆罗多》（Mahabharata）①《圣经》、奇迹课程、佛教经典，仅举几例——但这些也不能缓解他们的愤怒。人类倾向于把特定的灵性原则奉为真理，但是只在某种程度内如此——这一直都让我印象深刻。很明显的，爱人如己的原则不能推及希特勒或宗教恐怖分子身上。当佛陀或克里希那说世界是幻象时，这也不能用到刚在高速上别你车的浑蛋身上。那个浑蛋，懒鬼，一点都不顾别人，该放聪明些！《罗摩衍那》中的主要教导是，罗摩逐渐明白，他的死敌罗波那并不是那么坏的人，即使是他掠走了罗摩的妻子并要谋杀罗摩。依罗摩看来，罗波那是生命这场伟大的宇宙表演中的一个人物，他只是在演好自己的角色而已。

◎这并不针对你

依我看，你不太情愿接受"你的伴侣对你的痛苦或不快乐不用负责"，原因在于个人化和重要的区别。人们经常会把这两种看待事件的方式弄混，

---

① 译注：《罗摩衍那》与《摩诃婆罗多》为印度两大著名史诗。

大多数人都以为这是同一回事。当你把所有的体验都局限在个人的范畴时，你评估每件事情的依据就是它是如何影响你的——这个你指的是人物角色、人格个性、小我的存在等。而且这个你，似乎就是住在浴室镜子里看到的那个身体中。那个身份有心智、情绪和肉体的需求，主要是对归属感、重要性、安全和力量的需求。你如何阐释发生在自己身上的每件事，都取决于这些需求是被满足了还是被拒绝了，哪怕是个人身份拥有深奥的灵性信念。但是，若是把你看到、听到、闻到、感到的每件事都统归到个人身份中，会将每件事都局限在小我或自我的范围内。

当你思考什么才是真正重要的时候，你的直觉会指引你越过个人的围墙，你会开始瞥见真相。我不能证明我的妻子、孩子、父母、兄弟姐妹，以及亲密朋友，或任何其他人曾引起了我的不快乐或痛苦（尤其是当我的个人记忆不断坚持相反的说法时）。不过，我越多地步入情绪成年，我的感知也就越加非个人化。无可否认，这似乎是渐进发生的（我只不过是个初生之犊），但是，超过我的个人的局限和边界之外，我看得足够远，所以我不再将个人信念当作真理福音。

当你理解了"重要的"和"个人的"之间的区别，一扇大门就为你的关系敞开了，门的那边是更大的可能性。当你对伴侣的行为恼火的时候，如果你不把它看成是针对你来的，你就有机会从目的的视角来看待这个场景。接受这份不适感，并带入非个人的觉知，你便能看见这份不适感是种能量模式，带有某些特点或品质。随着觉知增长和加深，寂静到来，那种能量的本质似乎显现了。那个本质就是你的本质，是纯粹而奇妙的存在或灵魂，是处于最纯粹的人类状态中的你（本质第一次在我人生中显现，实际上是通过我刚出生的儿子，他就像面镜子。那时他出生还不到十分钟，我看进他的眼睛，并看见……空无对我回眸一看）。随着觉知进一步加深，所有的个人影响都消失了，而临在显现。我是。

> 我是
>
> 从不微笑的喜悦
>
> 不显关怀的爱意
>
> 从未被亵渎的平和
>
> 并不存在的力量
>
> 未曾描画出的美丽
>
> 无人目睹过的亮光
>
> 从未染污的智慧
>
> 从未存在的那位
>
> 我是

在我看，你似乎需要做出一个简单的决定。要么我的言语指向了对真相的直接体验，要么就是另一种哲理的一部分，与人们所谓的"真实世界"毫无瓜葛；要么你的伴侣可以引起你的不快乐和痛苦，要么你的伴侣还有世界上其他人，以此类推，都不是你不快乐和痛苦的起因。如果我讲的指向了真理，你的伴侣便不仅仅是同伴、爱人、朋友，以及（有可能）你们孩子的家长。如果我没有反映真相，你的伴侣和你就处于谨慎的友谊关系中，而你是否快乐就成了伴侣的责任了。

但我怎么办呢？我这一辈子，我的伴侣们经常告诉我，我伤害了他们的感情或让他们生气了。

噢，对的！我差点忘了，从你的立场来看一下第二条原则。如果你的伴侣从来都不是你不快乐或痛苦的原因，那么你要为伴侣的感觉负责吗？当你看到伴侣不开心时，你是否莫名地认为或感觉你也有份？你是否有时在头脑中对话，应用推理和逻辑，好摆脱伴侣似乎要栽到你身上的责备？简单地根据经验来估计，如果你觉得有防卫心，或你与所有的感觉都解离了，那么当你注意到伴侣不开心时，你通常会认为这是你的错——至少部分是你的错。不过，唯一真正表明你有责任的，是你自己的内疚感。

但在伴侣开始责备我之前，我是没有感到内疚的！也许不总是用语言，但我伴侣脸上那种痛苦的表情，似乎在指责我就是罪魁祸首，所以很自然我会有防卫心，而且，我还得证明我是无辜的！

你可能会不同意，但真的，如果你没有感觉内疚的话，那些指责在你眼里只会是些误解。但正是内疚证实了你伴侣的责备，哪怕你拼命地强烈坚称——你什么都没有做，这不是你的错，是你的伴侣误解了你的行为——都没有用。

让我们回头看看，我提出的信念是如何产生的说法。想象你是个小孩，正在体验信念的形成。一个"你不重要"的想法进入了脑海。伴随着想法的是你关于自身的形象：一个小小的、微不足道的身体，要努力在万能巨人统治的国度中生存下来。随着那个微不足道的想法和图像而来的，是毫无价值的感觉。你不知道你究竟是谁，本来面目真正是什么之前，就已被一个有力而不真的信念所说服。

现在，还有什么其他的因素能真的巩固信念呢？这些因素让信念变成了影响你一辈子的自我概念，并强烈影响着你是如何看待这个世界的。难道你不觉得内疚是股再好不过的力量吗？我是说，无价值感本身已经很强了，但要进一步让你和他人断联并隔离，内疚是理想的强化手段。现在，你不仅认为自己是个微不足道的人，你还觉得做这么个人是错的。

（如果你的自我概念是个蛋糕，内疚就是蛋糕上完美的糖衣。你之后建造的防御设施是糖衣上撒的五彩糖屑，而蜡烛是你的态度，也就是那些心理补偿。你建立起这些补偿性的态度，好让自己挣脱那个痛苦的信念，抚平内疚感。个人身份，祝你生日快乐！）

你什么错都没有，你也不是任何人不快乐的起因。你只是感到内疚，而且把你伴侣的言行当成了证据——证明你做了坏事，而且你是个坏人。这听起来像文过饰非，人们用这样的借口来逃避自己行为的后果，但证据就摆在眼前。面对你的内疚，你亲自来看看，留意你在身体的什么地方有内疚感，然后放松。只是和内疚在一起并留意它。你可能马上就注意到了，内疚是一种感受，显现在消化区域（也许是胃部）之内或周边。随着你进一步观察它，你可能发觉它在以一种不变的频率振动、脉动或辐射着。这是一种能量，你给了它名字——内疚，还赋予了它价值判断——一种坏感觉。在你给它命名、对它评判前，它只是一种能量模式，以特定的方式在运作。狮子吃羚羊，火山熔岩会燃烧、分解，或彻底摧毁在它路径上的几乎任何事物。在身体的这个部位，这种能量感觉起来就像这样。从非个人化的视角看，内疚不是内疚。

一旦你开始从一个中性的、非个人化的视角来留意之前被称为内疚的能量，一种调谐便开始发生，让你体验到创造了这种能量的力量和临在。虽然我们不能通过感官或心智来体会它，但在我看来，我们可以直觉地感受到它；而且肯定可以体验到它——这体验充满喜乐、宁静，也不受制于内疚这个幻象。

一旦你看清了内疚的真相，你可能会开始思考，你伴侣的指责之词和指控行为的背后目的，是帮你注意到你的内疚、不配得，以及最终，你的无价值感——正是这种能量让你确信，你是个微不足道的人，而不是个妙不可言的存在，即你的本来面目。

在我们进入第三个原则前，我想重申一下与**过程**相关、而与关系没有直接关联的事情。"过程"仅仅是一个词，它不是一系列的步骤，也不是一个技巧或工具。面对一个不舒服的情景时，除了拒绝、评判、愤怒和解离/否定外，还有其他的回应方式——这就是我所指的过程。我想补充，"过程"指的是接纳、觉知和欣赏的回应，无论面临哪种不舒服的感觉时，都可以这么回应。所有的痛都是一样的——关节炎、心碎、偏头疼，不配得——这些都是我们命名和评判的能量。不舒服就是不舒服——只是程度不同，在身体的部位不一样而已。所以，如果你才刚开始熟悉这些原则，并在练习走过程，请记住：这可以适用于一切痛。

出现了生气、挫折或焦虑，表明一个刺激物呈现了。因此，正如很多智者所说："生命想要你成长。"一旦你以接纳去回应痛苦，刺激便不再需要，会和受苦一并消失；随着接纳和觉知在你内在扩展，受苦会逐渐消退。一旦将过程纳入了你的生命，你不但会看见你伴侣永不可能是你不快乐的起因，也会看见你也不是你伴侣不快乐的起因。从今往后，你们会在互助的精神下，共同成长。

第三章

Chapter 3

改变？别麻烦了！

原则 #3：
无论我多努力，我都没法改变我的伴侣。

在改变伴侣这个议题上，我遇到的大部分人似乎可以分成两大类。我把第一类称为**改造工程师**。我有几个熟人，他们的职业就是购买破旧的房屋，进行内部改建、装修，然后将房子转卖获利，这样他们就可以继续转向下一个待修房。他们每进一个房屋，都会设想房屋的潜力，而且马上就开始做笔记，记下哪些东西需要运走，哪些还可以留下。他们会琢磨哪些墙要拆除，哪些脚线需要剥掉修补。他们会检查水管和电线线路，以及结构和地基的方方面面，好确定这个地方是否值得他们投入时间、金钱和精力。

在我的咨询工作中，有些案主就属于这个类型。当他们爱上那个成为伴侣的人时，在他们的脑子里，就已经在做笔记了，记下对方的行为和外表的哪些方面必须要去掉，哪些方面需要进一步开发或加强。在很短时间内，房屋修缮者就完成了全面检查，并编写好了改善清单——对他们而言，要在这段关系中过得舒服，清单列出的改善项目都是必不可少的。

我最常遇到的第二类案主是**千万别变**的人。就好像这类人想和一个活雕像结婚一样。第一次约会，这类人就爱上了对方的样子，希望对方永远刻板地保持这个样子。这些案主相信，对方确实就是他们所需要的人，能让他们有特殊感，心满意足。这类人在展望未来时，认为伴侣总是会完全支持并接受他们的一言一行。有些人把伴侣捧到了高台上，部分是出于爱慕，但也是为了让伴侣固定在一个位置上，别和最初的点偏离太远。毕竟，雕塑就该放在台子上的，不是吗？这类案主中还有一些会把他们自己放到高台上，并期望伴侣保持原状，用充满爱慕与赞美的眼神仰望自己。

可是，我们这个宇宙却跟大多数人一样喜欢开玩笑，所以无一例外，热衷于改造工程的人，总是会跟希望伴侣千万别变的人搞在一起。于是，两人就会将时间花在**改变游戏**中。喜欢改造工程的配偶会不断努力改变对方，想让对方成为自己心目中的完美配偶；而同时，主张千万别变的伴侣会徒劳地尝试抵制，不让任何改变发生在他们已经完美的配偶身上。

变回老样子或改成新模样。无论哪种改法，传递的讯息都是清晰的：你现在的样子是不行的，所以你就得改！

当我还将"婚姻是一门无条件的爱的功课"作为咨询模型时，有位女士来寻求我的帮助，她说她的婚姻撞墙了。在第一次会面接近尾声时，我们有段对话，下面的内容来自我的回忆（为了保密，案主的名字以及若干细节有改动）。这里也体现了我们头两三次会面的对话情况和节奏。记住，是她因为婚姻停滞不前，来主动找我帮忙的。

"我知道我应该放下对他的期望，"她说，"可我还能做什么呢？我就是不断地对他失望。"

"你有没有考虑过，接受他本来的样子？"

"你开玩笑吧？如果我接受他本来的样子，他就永远不会改了！"

"也许，"我说道，"但如果你真的想学如何爱他，你也许得练习爱他本来的样子。"

她看着我，好像我没有抓住要点。

"但他就永远不会改了！"

"这点你已经指出过了。"我说道。

"我不想爱他本来的样子，"她说道，"我想爱他应该有的样子。有什么女人会爱一个当众放屁的家伙？我没开玩笑，克里斯多福。他真在公众场合放屁兼打嗝，简直太尴尬了！"

"呃，无条件的爱意味着爱不带条件……"

"他还觉着很**好玩**！而且他从不欣赏我。他也不再带我出去吃晚餐、看电影，连一起散步也没有了。他回到家，在晚饭前和孩子玩一下，吃完晚餐，打一个响亮的饱嗝，然后坐下来看两三小时的电视。就算我试着和他沟通，分享我的感受，最后我们还是会吵架，他又回到老一套中去了。"

"你跟他分享感受的目的是什么呢？"我问道。

"这样他就不会再忽视我了。我在努力让他改变。"

"你这样努力了有多久了？"

她想了片刻。"大概我们结婚后一年就开始了。"

"那他改了多少呢？"我问。

"几乎没改。如果有改的话，也是变得更差劲了。"

"好吧，"我说，"那么是什么阻止你去接受他本来的样子呢？"

"如果我这么做，他就永远不会改了。"

"如果他永远都改不了呢？"

"我不知道，"她说，"但是我对天发誓，如果他在桌前再打那么一个恶心的嗝，我就要宰了他。"

这么说吧，尤其是我的从业方式，让我很快对关系咨询这个职业有了幻灭感。我那时是一个理想化的年轻人，相信要在亲密关系中从此过上幸福生活，你只需要遵循这三个指导方针就够了：

1. 放下期望。

2. 为自己的感觉负责，对自己的感觉做出回应。

3. 沟通时，带着百分之百的诚实、百分之百的负责，还有百分之百认错的意愿（我把这称作百分之三百的关系）。

我在职业生涯中面临的第一个障碍与第一点有关。很快就变得显而易见的是：大多数人在进入亲密关系时，脑袋中的动力，其实就是**期望**。当然，案主会承认大多数期望来自对重要性和归属感的需求，但对方要是不能让你在下半辈子都有特殊感，为什么还要和这个人有密切牵连呢？期望并没有妨碍到谁的快乐——这是获得快乐的方式。这是任何伴侣的基本人权！简而言之：除非我的伴侣让我开心，否则我没法满足！

第二个障碍是紧跟第一个的，当我介绍"为自己的感觉负责"这个想法时，障碍出现了。首先，很少有案主知道感觉到底是什么，而那些知道的案主，则把感觉看作一种其他人引起的愉快或难受的效果。其次，为什么要关心不舒服的感觉呢？人类的天性就是要躲避这个，并寻求越来越高的舒适度。最后，我的伴侣让我体验到的感觉，为什么要我去负责呢？

当我审视百分之三百的关系，并计算我为了活出这样的理想状态而付出的努力时，第三个障碍显现了出来。我很难为情，但也必须向自己承认，哪怕我把三项的百分比都加起来，我的成功率也没超过百分之百。每一天，我自己都还差得很远，却鼓励案主去实现这个不可能实现的理想，这让我非常苦恼。

第四个也是最后一个障碍显露时，更像是一堵十英尺高的砖墙，而非我能一跃而过的障碍。在我跳出催眠状态的两年前，这个障碍在我面前出现了。我体验到的是一个危机——我不得不承认，我努力实践的关系原则却起不了持续稳定的作用。那还是委婉的说法——其实这些原则完全反复无常而且不可能实现，至少对我、我的案主，还有我熟识的关系咨询师而言，情况就是如此。就我所见，其根本原因，似乎是没有人理解关系的真正目的，反而每个人都相信，至少是某种程度上相信，他们需要外在的某人或某事来让自己变完整。人怎么能接受自己的伴侣其实做不到这一点呢？当然了，只需要少许微调，伴侣就可以成为理想的配偶了。当然了，亲爱的伴侣，如果你真的爱我，你会愿意改变的，不是吗？

在我遇到的大部分案主的心目中，接受他们的伴侣无异于放弃认输。"接纳是个好主意"之类的话——想法很好，但一想起你理应无条件接受的那个人，有那么多不完美的地方，接纳便显得有些不切实际。我们大部分人结婚时，可不是冲着接纳去的。我们可能愿意跨出的最远一步，不过是某种妥协，即便如此，这种接纳也是有条件的——要看我们的伴侣如何履行他们那一半的责任。无条件的爱和接纳都只是我们认同的理想，与此同时，我们隐藏了自己真正的意图，就是满足我们对重要性的需求。为了满足这个需求，我们的伴侣得奋发图强，理当表现得像个理想的配偶。

但另外一个想法随之而来。人们到达了一定的成熟度，便会得出一个结论，借用甘地的话，就是他们在伴侣关系中，**必须成为他们希望看到的改变**①。换而言之，别再等着你的伴侣回心转意；为了得到你想要的，你才是那个必须改变的人（附加说明：一旦你做到了，你的伴侣也得照做——要不，就甩了这个懒鬼！）。这种个人改变，涉及各种手段，我们称其为**自我改进，或个人成长，或灵性发展，或个人全责性，或疗愈**……还有众多的疗法和道路，都在宣扬这些手段。

_____

① 译注：甘地这句名言的原文是"Be the change you want to see in the world"（在这个世界上，你必须成为你希望看到的改变）。

但人们不会改变那么多的，不是吗？事实上，如果你真能让你的伴侣改变，还变得跟你想要的一模一样，你会成为世界上最富有的人。农民会拥到你的门口，给你出大价钱，恳求你把天气变得对他们有利！沙漠会变成绿洲！荒地会变成沃土！说正经的，如果你能实现改变配偶的壮举，那么对你而言，改变天气只是小儿科罢了！

◎淘气的小恶魔

如果你是那种相信有魔鬼的人，你可能会逐渐看到，改变的想法是最狡诈的小恶魔，完全受魔鬼的差遣。没人看得出这其中的让人类受苦的阴谋，因为人们总认为改变是理所当然的，是为了让事情变得**更好**。每个人都想让生活更好，不是吗？改进自身或他人的努力怎么会让人受苦呢？

那么多人参加了工作坊、咨询以及指导课程，名义上是改进自我，而**真正**的目的是改进他人。即使我们参加的初衷是为了疗愈自身，但我们往往有个潜在的动机：要让自己有能力来改善生活状况、我们的关系，或我们的世界。

（有时我们想改变，这样我们就有力量让伴侣改变了！在这种情况下，学员会热切地听老师讲课，做好笔记，同时暗自琢磨着，他们迫不及待地要回家把这个内容教给伴侣。）

好啦，克里斯多福，想改变和改善事情，有什么错吗？毕竟，

事情总是可以更好的，不是吗？想让事情更好而不是原样不变，
有什么错吗？

这不就得了。这些问句中暗含的不是一个恶魔，而是一个无伤大雅的
普遍信念——该信念否定了如实接受本然的益处。通常，人们想要改进的
愿望是以评判为基础的：你现在所拥有的不够好，不令人满意，不完满，
或干脆就是错的。评判会存在是由于**本然**遭到排斥，因为本然似乎无法满
足对特殊性的需求。为了满足这些需求，伴侣必须符合美好的理想——这
些理想就是出自排斥和评判。

这些看似值得为之奋斗的美好理想，没有一个表明你可以完全接受伴
侣本来的样子。不接受的原因之一（我开玩笑地说）可能是：似乎真正的
接纳是不可能的，相形之下，让伴侣改变并达到你的理想的目标，虽然具
有挑战性，但可行性要大得多。

◎突击测验

让我在这里暂停，问你一些问题。请发自内心而不是从理想的层面来
回答。做这个测验很容易，因为没有人——包括你的伴侣在内——会知道
你的答案是什么。如果你目前没有亲密关系，可以参考你之前的一段关系。
如果你去评估伴侣在以下各个领域让你满意的百分比，你会给他们打多少
分呢？

坦诚开放的沟通者	%	表达感情	%
对你体贴关心	%	温暖深情	%
有趣 / 很有新意的同伴	%	令人"性福"的爱侣	%

现在，再过一次这张表，对照你的伴侣，给自己打分。

坦诚开放的沟通者	%	表达感情	%
对你的伴侣体贴关心	%	温暖深情	%
有趣 / 很有新意的同伴	%	令人"性福"的爱侣	%

最终，根据你的整体满意度，你给这个关系总体打多少分？

美满的关系	%

现在真正的挑战来了：如果你闭上眼睛，想象你的伴侣正站在你面前，你在感觉的层面上会体验到什么？花三十秒钟来感受。

其次，闭上你的眼睛，想象你看着你的伴侣，而且不期待或希望他们与现在的样子有任何不同。这意味着，在你的有生之年，你的伴侣都无须有任何改变。在接着读下去之前，你愿意花多长时间来体会都可以。

如果你与其他人（包括我在内）相似，一想到你的伴侣永不会改变，你将会面对某种程度的不适感。大概十五年前，在我第一次做这个练习的时候，我还记得出现了悲伤和挫折感，但主要是恐惧。经历了很多年，进行了更多的试验和探索后，我有一天获得一个启示：无须妻子做出改变，我便能看进她的内心，看见她奇妙的本来面目，不带任何的评判和渴望。也许我瞥见了她的本质，甚至超越于此。我不知道，但这的确是一个难得的机会，让我真切地看见我的妻子，而不是我加诸她身上的各种虚假的粉饰。从那以后，接纳和看见这两者的体验都变得更加持续稳定了。

只要关系的焦点还放在期待你的伴侣改变——即改进之上，你便觉察不到你对伴侣的评判，你还会真的相信，你只是想拥有更快乐的伴侣关系而已。人类的本性之一就是相信有快乐配方，而且只要两方都严格地遵循这个配方，就一定能实现永恒的快乐（要是伴侣愿意按计划行事那该有多好啊！）。不过，评判以及对改变的期望事实上让你丧失了机会，让你无法看见，和你生活在一起的这个人实际上是多么不可思议的存在。此外，**无论是放下期望或评判，还是疗愈你和父母的关系，还是践行任何其他的格言或你信奉为真理的正面灵性想法——这些方法都无法让你真正地看见。只有接纳才会给你这样的机会。**

在我们探讨如何在亲密关系中（以及你生活的其他各个方面）有更多的接纳之前，让我们在改变这个幻象中——尤其是与改进的想法相关的方面——再多玩一会儿。

◎ "自我改进"号列车

自我改进（通常包括伴侣改进）是同类型列车中的另外一种，看似在朝着某个方向前进，其实最终只是在原地绕圈圈。这趟列车的目的，只是去体验在这趟旅程中，你是如何努力证明自己的特殊性的。而事实上，只要一下车，随处都可以体验到真正的快乐。只要在任何一点下车，你就到达了目的地。但只要你待在列车上，你就受你自己评判的支配，而你对本然的排斥，在整个行程中，持续重演着。而且，你的评判会迫使你去改进你认为错误或不足的地方。

所以，自我改进或个人成长（根本就没有成长可言）把你带入了无意识的领域，在那里，（1）你无法真正看见当下的自己，因为所有的改进都是导向未来的；（2）你对自己的现状做出评判，并不断地将这个现状与自己*应该*如何拿来做比较。

同样，当你期待关系有所改进，并着手尝试时，你的努力有两重效果：（1）无法在当下看见你的伴侣；（2）评判你伴侣的现状，并将此与你对伴侣*应该*如何的想法做比较。你对重要性的需求创造出了一个理想化的配偶，而你的评判导致了错误印象，不能反映出目前你的配偶当下如实的样子。当你把这两种形象进行比较时，你每天看待你伴侣的方式注定会让你失望。

另外，你的头脑会有各种设想，关于如何塑造你的伴侣以吻合你的理想。你的一些方法可能包括：

- 指责你的不快乐都是伴侣造成的，因此改变的责任落在他们身上。

- 批评你伴侣让人恼火的习惯——哪怕是无关紧要的习惯。

- 纠正上述习惯，即使是吹毛求疵也在所不惜。

- 抱怨你的伴侣没有做可以让你开心的事。

- "坦诚地"沟通你的感觉，而潜台词是你的伴侣为此应做些什么，哪怕你坚称这些感觉是你自己的责任。

- 给出建议，意在帮助你的伴侣改进自身。

- 坚持要伴侣履行之前的约定或承诺（"你说过你会做 / 不再做那个的！"或"记住，我们约定过我们会_____"），哪怕你没能信守自己的所有承诺，或履行你这边的约定。

- 走过程，但同时偷看你的过程是否有你所期盼的效果（即：你的伴侣有没有变得更好了）。

- 强烈要求你的伴侣负责。

- 祈求神(灵、宇宙，等等)代表你来干预——当然是为了你的伴侣好。

- 记分——提醒伴侣你为他们所做的一切，而他们为你做的就相形见绌了。

　　但你并不知道，通常会有一种正义凛然的感觉伴随着这些操纵行为：当你争取让伴侣来满足你的期望时，你觉得自己毋庸置疑是正当的。毕竟，你又不是想要伤害你的伴侣或把他 / 她变成一个坏人。你只是在努力让伴侣变得更好，而且由于某种原因，你认为你知道什么对你的配偶是最好的——或至少你的合理化解释是这样的。此外，如果没有充足的合理化谎言，我们在关系中又能如何自处呢？

无论你的期望看起来多么不起眼，如果你看穿它，你会看见背后起作用的几种动力：

- 对重要性或特殊性的需求——之前的章节已经阐明，这种需求是永远无法被真正满足的。
- 对该需求的排斥——因为它让你感到多么脆弱、不可爱。
- 对自己的评判——自己是这么脆弱、不可爱。
- 操纵伴侣的强迫症——好让对方给予你所需的，而又不暴露你的需求——该需求可能是完全不可接受的。
- 对你伴侣的评判——对方没能成为让你满意的那种人。

很可能起作用的动力还有很多，但以上五点能让你大概了解，普天下的人们对改进的渴望的背后究竟是什么。不过，提倡接纳在人们听来常常像某些虚无缥缈、不切实际、软弱无能的想法，与成为世界变革推动者的理念背道而驰——后者是强壮、坚决、专注，具有积极思维的。

但是接纳听起来确实不切实际。像某些灵性理念一样，听起

来很鼓舞人心，但除非你是神才能做到！哦，当然，只要接受我伴侣的和我自己的弱点和脆弱就好。就让每件事接着走下坡路，而我还继续做白日梦，假装现状万事大吉——完美无比！——而同时一切都还是老样子！为什么不干脆两腿一蹬，一死了之呢？

从历史上看，人类就是反对接纳、赞成改变的——我没有丝毫批评这个立场的意思。这是一个绝妙的例子，让我们清楚地看见：你在催眠状态下忘记了你是谁，你是什么，而且周围还设计有巧妙的支持系统，让你几乎不可能回忆起来。人类变革和改进世界的努力似乎是那么崇高、励志，在幕后运作的评判和排斥便显得黯淡多了。

重要的是，一旦你停止改变伴侣的努力，你便敞开了自己，去体验成长的机会，而在关系中，改变（与评判相关时）和成长是有天壤之别的。基本上，人们是不会改变的。他们可能会调整行为去适应自己身处的情况，但他们不会从本质上改变自己的性格或自我概念。例如，伴侣总是喋喋不休地唠叨你，你以离开作为威胁，而且说得完全让人信服，此时伴侣可能会因此停止那种行为方式。就这样，你可以说伴侣已经改变了，但我只把这看作行为上的调整，而你的伴侣可能接着在精神上唠叨你，但行动上有所变化，好诱使你留下来。

如果你坚决主张你的伴侣应该停止对你唠叨，而同时伴侣领悟到了唠叨实际上是一种防卫／操纵机制，会妨碍一个人变得更成熟，唠叨的行为就会逐渐消退，而伴侣的行为会反映出一种情绪上更成熟的存在方式。所以，在某一方面，伴侣确实改变了，但不是因为评判和排斥而改变的。这种蜕变的发生就像小孩演变为青少年一样，这是成长的自然过程的一部分。但你不能强求另一个人有任何真正的改变，正如你不能迫使一个八岁大的孩子将身体变成十六岁那样。这个例子中的唯一区别是：身体的发育有特定的、可以预测的时间表，而情绪上的成长遵从的是一种不同的设计。即便如此，你对这个设计是无法施加个人力量或影响的，而期待伴侣按照你的日程来成长或改变，其实反映出的是你自己在情绪上还不成熟。

但是等一下。我坚持让伴侣停止唠叨，是否对他们的成长有所影响呢？我会不会是这个成长的催化剂呢？

我猜有这个可能。但我从来没有过这样的体验。我从来没有看到过任何证据，能证明我与我妻子或孩子的情绪成长有任何的关系。毕竟，你怎么知道这不是你在见证镜像效应呢——其实是你在情绪成熟上向前迈了一步，让你能以更成熟的眼光来看待你的伴侣？你在伴侣身上见证的，实际上可能是你自身的情绪成年。引用马克·吐温的一句话：

"当我十四岁时，我受不了我的父亲，他愚蠢极了。但是我二十一岁的时候，我惊讶地发现，七年的时间他竟然变聪明了这么多！"

但有没有可能，我情绪确实成熟了，但我仍然认为我的伴侣
不能或不愿成长呢？

一切皆有可能。作为丈夫和咨询师，我看到的典型情境是，当你在关系中迈一步时，伴侣也会迈一步。迈步的时机可能不一样，你伴侣迈出的那步也许晚两分钟、两天、两周，有时甚至是两个月，但似乎与时机更加相关的是你的评判，而非伴侣的实际成长。

这引出了两个极其重要的问题：（1）你的伴侣说的或做的任何事，能与你们关系的目的无关吗？（2）你们关系的目的与你人生的目的，能在任何方面有所不同吗？根据我的体验，我对两个问题的回答都是彻底的不能。

改变自身或伴侣的强迫症还有另外一个特点：实际上，正是强迫症背后的评判在维持着你狭隘的观念。例如，如果你认为伴侣有点冷漠疏远，而你想让他们更加温情脉脉，你在伴侣身上看到的大部分或全部就会是一个冷漠疏远的人。你越执迷于对温暖与感情的需求，你的伴侣就越显得冷漠疏远。很快，要改变伴侣的渴望，加上伴侣抵抗改变的倾向，会造就关系中惯常的行为模式——就是强迫性的行动，而且行动时几乎没有或根本没有意识觉知。

这让我想起以前我在木匠店工作的时候。老板让我把一块塑料切成正方形。我正确测量了交叉角，仔细地压下了槽刨导轨，并削好了这块塑料。

切完后，我量了一下对角线，发现塑料不是方形的。我对结果很失望，因为材料不便宜，而同一块料我也不能再切一次。

我不得不再试一次。我抓了另一块塑料，进行了同样的准备。我检查了对角之间的度量，确保它们的长度完全一样，我更仔细地压下了槽刨导轨，并紧张地沿着塑料边缘运行工具。我得到了同样的结果：一块并非正方形的板材。现在，我开始有点惶恐不安了，即使我的同事试着让我平静下来，告诉我慢慢来，我却开始以更疯狂的速度干了起来。好吧，到了当天晚上，我已经用掉了九块非常昂贵的塑料板，而最后它们没有一块是方的！我意识到自己刚刚浪费了公司数千元钱。因为我那时年轻，没有安全感——而且也不太诚实——我决定试着把材料藏起来。我忙着把塑料板裁成更小的方块，好藏在位于我上方的吊顶后面。我这辈子切过各种不同的材料，切出来的材料一贯都是方形。直到今天，我还是不知道为什么我不能把那块塑料切成我想要的样子。我猜，有时事情就注定了不会如此。

现在回想起来，当时让我印象最深刻的事实是：我越是强迫性地进行孤注一掷的行为，我获得想要结果的时间就越长。在那些试图改变伴侣的人身上，我看到了同样类型的行为。他们不会停下来审视一下自己的行为或动机，因为他们的注意力只放在了自己想要伴侣去改的那个点上，而且越来越执迷于此。当不满的配偶向人抱怨自己的伴侣哪里错了时，所谓的错误就占据了他们更多的思想和情绪。这就像看到一个人脸上的疤痕一样。你越是把它当成不该存在的东西，它似乎就变得越大越明显。即使是别人对你谈起非常重要的话题，你也会分心去想那个脸上的疤痕。

◎ 期望与偏好

但如果我偏偏不喜欢伴侣的行为或外表的某些方面呢？你是说我不得不忍受一切吗？比如，喝东西时啧啧作响，或嚼东西时嘴巴大开，或满嘴食物还讲话——我都得忍着吗？为什么我得忍受我不喜欢的东西？

好的，所以我们现在来讨论期望与偏好。比如说现在是十一月，你和伴侣很快有时间度假了。你想去夏威夷，而你的伴侣想去莫斯科。在偏好的层面上处理这个问题时，你们可以平静地探讨彼此的观点，以及对各自偏好的感觉。也许你的伴侣不喜欢炎热的天气，而你受不了寒冷的天气，也许还有其他因素要考虑。开放的讨论可以解决问题，同时满足两种偏好。

现在，如果你期望伴侣改变心意，这样你好去夏威夷，而你的伴侣又抓住自己的偏好不放，那你们就很可能会卷入权力争斗。你坚信，如果伴侣真的爱你，他/她就能放弃自己的偏好，让你开心。或许你在想，上次是你向伴侣让的步，这回该轮到对方退让了。

好吧，我们每人轮流迁就对方有什么错吗？

没什么错。人们在关系中不管怎么表现都没错。无论你表现如何，都不过是在表达接纳或排斥。我注意到，接纳营造了一种顺流和轻松的感觉，而排斥导致了折磨、挣扎，以及人们生活中的某种猝动。让我们看看度假选择这个例子：你想去温暖晴朗的夏威夷，你的伴侣想去寒冷多云的莫斯科。接纳或排斥你伴侣的偏好，会带来如下的相应体验。

接纳：

- 开放、顺畅的沟通

- 认可并欣赏彼此的差异

- 愿意考虑伴侣偏好的优点

- 愿意分开度假或探索其他偏好

- 如果不适感升起，这是走过程的机会

排斥：

- 设法操纵伴侣去改变

- 因为伴侣的愿望和你不一致而怨恨对方

- 非对不可带来了压力

- 聆听对方讲话，只是为了戳破并斥责对方的立场

- 不适感浮现就争吵

我要讲得很清楚，我并没有暗示一种方向比另外一种好，也没有说排斥是错的选项，而接纳是对的选项。排斥和接纳两者都在表达我们人类的旅程，我们所移动的方向反映了我们的觉知状态和情绪成熟度。

好吧，但喝东西喷喷响、满口食物还讲话，该怎么办呢？

再一次，我们谈到了偏好与期望。如果你伴侣的习惯让你抓狂，你可以表达你的偏好，希望伴侣克制那种行为，或者你可以强烈要求你的伴侣去克制。当然，你也可以注意到那种行为多么让你恼火，并迎接过程的到来。要是那样的话，你可以在心里邀请你的伴侣保持那种习惯，好支持你在接纳、觉知和欣赏方面的成长。你知道，有点像这样："甜心，你喷喷喝茶时，我简直烦透了。继续做吧，我好体验到更多的过程！"

你在开玩笑，对吧？

半开玩笑而已！这取决于你在人生中想聚焦在什么样的体验上。如果你的人生方向需要有很多的苦工，失望、挫折和怨恨，间或有点小小的胜利，好让你能继续往前——如果你在人生中想实现的是这些，那就去排斥并试图去改变伴侣的行为。如果你所处的过程是要成为情绪上的成年人，并增强你真正是什么的觉知，那么你可以不带迫切需求或期望地表达你的偏好，并用走过程来回应你的恼火。

所以我就应该坐在那里听喷喷的响声。

我没有告诉你在一个特定情境下该怎么做。我说的是，在任何情况下，你的行为要么出于接纳，要么出于排斥。

所以我可以请伴侣停止发出喷喷声。

当然，也可以离开房间，独自待着。或者，请伴侣喝茶时去另外一个房间。想做什么都行。信不信由你，亲密关系其实没有什么规则手册。你可能会认为，有某种准则或是一套价值观的存在，但是这些价值观或准则是来自有意识的体验，还是来自无意识的权威人物呢？在我看来，这些准则和价值似乎来自这些不想让你质疑任何事，也不想让你能独立思考的人。但自由从发问开始，因为质疑一切——包括这句话以及本书中的每个词，能让你发现"墙外"的世界。

什么墙？

我们信以为真的信念和故事组成的那堵墙。现在让我们回到啧啧喝茶这件事上，但这一次，把角色调过来。你有没有做什么事，让你的伴侣很受不了呢？

有，我的伴侣说我们出去散步时，我走得太快了。但我感觉，如果我放慢些，我就锻炼得不够了。

好的，如果这演变成了你俩之间的争执，甚至是争吵，会发生什么？你会真的想法子让你的伴侣改变，走路变快吗？

嗯，不会……也许吧……让我想想……

我敢肯定，如果你伴侣有一条腿受伤了，你不会指望对方一瘸一拐走得更快些，对吧？

为什么不呢？

说正经的？

我只是在开玩笑！当然不会。我会调整到最轻松的步伐。但并没有谁的腿受伤啊。我的伴侣就是想走慢些，如此而已。

所以你事实上有能力走得慢些——你只是不想这么做罢了。瞧，你任何时间都可以出去轻快地散步。所以，如果你和伴侣一起散步时放慢些，以此表达你的爱意，会怎么样呢？不是出于妥协或牺牲，只是为了表达你对伴侣的关爱。如果你把这个作为礼物送出会怎么样呢？在某种意义上说，你在改变，因为你是一心要快走的人，而你现在走得慢些了，但你并没有真的在改变；你是在成长。

是啊，我可以这么做。但为什么我的配偶不为我做这样的事？为什么改变的是我呢？

这与你的改变无关；这与你的成长有关。你所谓的"真正改变"，只会在成长的自然过程中发生。我们大部分人进行自我改进或操纵他人，以期改变，而这种改变通常只是表面调整而已。

但我想让伴侣跟我一起成长！我不想总当那个在读书或上课的人——我想和伴侣分享成长的体验！

实际上，你清楚地展示了一个例子，我把它叫作"个人的"，而非"重要的"。你不断地关注伴侣应该如何表现，伴侣应该做什么让你感觉更好。如果伴侣喝茶时不再喷喷响，你顶多是暂时乐一下（更多像是松一口气）。这趟改进号列车——自己或他人的改进——带你踏上的是完全不会令人满意的旅程。事实是，就你而言，你如何看待伴侣取决于你的意识阶段和情绪成熟度。随着你的成长，你对伴侣的看法也在成长。请思考以下内容：

成长＝更多的接纳、觉知和欣赏

改变你的伴侣或自身＝更多的排斥、迫求和操纵

嗯，当然第一个看上去更好。

这个问题实际上与更好或更坏无关，因为这两个词反映的是评判。随着你意识的成长，你会自然地倾向于前者。首先，你留意到你的行动、语言，甚至是念头，似乎来自何处——即，对重要性的需求——接着，质疑这个需求，看它支持的是真相还是更多的谎言和故事。

放松

留意

学习

成长

了知

人们长期以来有个坚定的信念：改变（改进、疗愈等）是通向快乐的道路。根据我的经验，快乐才是通向快乐的道路。

第四章
Chapter 4

故事时间

原则 #4：
关系中的问题只是故事而已。

你有没有停下来想过，你每天花了多少时间来给自己讲故事？你有没有想过，在任何给定时间内，你上演的故事有多少？要回答第二个问题尤其困难，因为我们一般不会有意识地关注我们头脑中持续进行的对话或独白。假设你的大脑是电视机，接收来自你心智中各种电台的信号，可想而知，你可以接入多少频道啊！

◎频道指南

（列出两个频道时，一个频道是喜剧，另一个是悲剧）

1，2   工作频道

3，4   家庭频道

5   健康与健身频道

6   食品频道

7   性幻想频道（还是只有我有这个频道？）

8，9   回忆频道

10   过往尴尬时刻的频道

11   金钱频道

12   金钱幻想频道

13   亲密关系频道

等等   好啦，你了解大意了……

补充说明一下电视这个比喻：在我成长的过程中，不管到哪个朋友家里，电视机都是开着的，**哪怕根本没人在看！** 直到现在，我有些朋友还是会把电视机从早上就一直开着，有时把音量调得很低或者静音。这让我想起我自己的心智，从一个故事扯到另一个故事，漫无边际，就看我把内在遥控器按到了哪个频道上，而且一整天，音量也是时大时小。我似乎在不断地给自己讲故事，而且故事主人公通常就是我自己。

对许多人来说，我们的生活也是故事，包括了头脑里所有的故事，连同我们对一天中各种事件的解释。在你的故事中，你是主角，有特定的人物角色和某些潜力、天赋、才华，以及弱点和局限。你，作为人物角色，一般在遇到情境时，会根据你的个性倾向做出反应。这些反应和行为是重复的、可预测的，只有在碰到出乎意料的事时，这个角色的不同层面才浮现出来。你的特别角色会为特定的乐趣所吸引，对认定讨厌的事，也会表达厌恶。比如，你的角色可能喜欢动作片，但会避免恐怖片。只要你确信，你的角色以及它所在的身体是真正的你，你就会根据这个角色的优势与劣势来运作，而且只要是符合这个角色的信念系统的，你都深信不疑。

（当然，内在总是会有一个静谧的轻声，想了解这个人物角色及其故事的目的究竟为何。）

就像一个长期连播的电视系列片一样，你的**关系故事**包括了多集，每集有各自的陪衬情节，都在给主要情节添砖加瓦。你的**关系故事**进一步也在支撑你**人生故事**的整体情节。在你的关系故事中，大部分的剧集都描述了这些关键环节：

- 等待某事发生
- 面对已发生的事
- 弄清楚为什么发生
- 处理已经发生的事
- 解决已经发生的事或得出结论
- 等待下件事的发生

有些内容散布在整个剧集中——我的朋友约翰·迈克尔称之为"早知如此，何必当初"。这是朋友、家人、你的伴侣和你自己的心智提出的一些意见和建议，讲的是这个情境意味着什么，应该如何应对才是。像是电视剧一样，配角阵容中的各个人物登场，念了戏剧性的台词或幽默的台词，然后退场。发生的事要么解决了，要么成为一个更大问题的一部分，于是关系**故事**继续演了下去。无论如何演进，它都是你**人生故事**的一部分。

当人们处于人类旅程的无意识阶段时，故事就是一切。在他们生活中发生的事件被评判为好的或坏的，而好坏取决于他们对事件的感觉如何。他们会通过自己的故事来定义一切。如果他们在街上遇到某人，这个事件就成了与别人分享的故事。争论、得失、生死，甚至学到的教训是故事的所有环节，在人类旅程的前几个阶段，人们很少能看到故事以外的地方。而且，墓志铭无非是书中最后两个字的不同版本："剧终"。

当伴侣们把正在发生的事理解为**哪里出错**时，问题就会在关系中挥之不去；接下来，他们在问题本身的范围内寻求解决方案。这让伴侣们陷入了故事中，他们想尽办法要让这个故事有个圆满的结局，希望故事的收尾是"他们从此过着幸福快乐的生活"。一旦你把你的问题变成了故事，还期望有一个满意的结尾，你实际上就是把自己关进了一个囚牢。图4.1的"故事囚牢"模型改编自交互分析师史蒂芬·卡普曼（Stephen Karpman）设计的模型，他为模型取名为"戏剧三角形"。我稍微改动了一下模型的定义，并加入了各个构成部分的内在动力。

每当你遭遇关系问题（或任何能影响情绪的问题）而你又排斥该问题时，这个问题经常会显得比你更大。这种情况发生时，你心智的三个方面便被激活了，你发现自己困在了它们动态交互的中央。一个方面是受害者，代表的是你的核心信念。如果你还记得，我之前讲过我们的核心信念之所以形成，是因为我们认同于我们孩童时期弱小的身体以及身体极端的局限

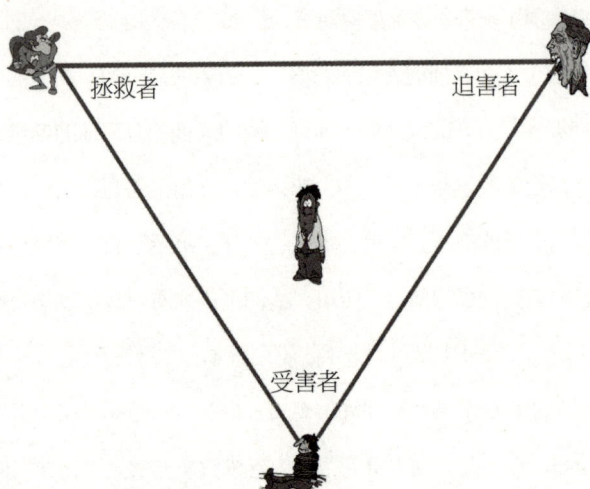

图 4.1 "故事囚牢"模型

性。因此，受害者在面临问题时，会先体验到遗弃、不配得、心碎中的一两项或所有三项。在这些体验之后，接着是更深的原始感觉，比如无力感、无助感、无价值感，等等。因为你的重要关系都是围绕着你对重要性的需求转的。通常，你关系中的矛盾和问题具有一个核心情绪成分——不配得。

受害者的体验不受人欢迎，如果你和大部分人一样，你会想方设法逃避受害者的感觉，以把注意力转移到其他两个方面：**迫害者**与**拯救者**。

迫害者是你的一个部分，在愤怒地寻找那个坏家伙。首先它力图指出引起问题的邪恶力量，然后不遗余力地挑出这个敌人的所有毛病。一般，它会把矛头对准你的伴侣，指责对方造成了你的不幸；但它也会扩大范围，指责在你生活中其他有影响力的人。不过，它也会经常瞄准你，攻击你自己的过错和弱点，把这些看作首要原因。其他时候，迫害者会一股脑地指责每个相关的人，也牵扯到很久以前的旧人。有时，你会看到迫害者在你身外反映了出来。比如，可能是你的伴侣在那里批评、评判或指责——也可能是其他卷入了这个问题故事中的人。当你察觉到有人表现得像一个迫害者，这有助于提醒自己：他们只是在反映你自己心智的一部分。

第三个被激活的心智方面是**拯救者**。你转向这个方面是希望自己能从这个情境中抽身，并进入平和与快乐的状态。拯救者进一步与感觉脱离，改用理智、逻辑和分析来理解为什么问题会存在以及如何解决问题。它会不断地给出建议和方向，告诉你，对这个情境，你应该怎么做、怎么想、怎么说——更别提你的伴侣和别人了——它也会告诉这些人应该怎么出力，才能满意地解决问题。一般，解决方法意味着你如何能满足你对重要性和归属感的需求，同时让自己在摆脱问题时看起来像个好人。如果拯救者无法在你这里找到答案，它会将你指向其他的拯救者，比如，某种类型的顾问或咨询师——甚至你的伴侣。*必定有人能告诉你问题为什么会存在，你得怎么做才能解决问题*！

所以你已经备齐了要素，可以演出一部伟大的人类戏剧。这些要素都在你的内在，显化为拯救者、受害者和迫害者，而且也会出现在你的外部环境中。有时你会体验成为受害者，而其他时候你像是迫害者或拯救者，你的伴侣会根据你扮演的角色，出演配角。只要你是通过这些动态过程，对所谓的问题做出反应，你就会在你的故事囚牢中服刑。

让我们看一个例子，了解一下囚牢故事是如何上演的。约翰（程序设计师）和玛丽（房产中介）结婚十年了，最近五年的婚姻有些不太平坦。浪漫已消失殆尽。他们不再一起开怀大笑了，他们之间的互动陷入安全、谨慎的模式。在这个场景中，约翰在完成周六下午的例行锻炼后，正从健身房回家。他觉得自己心情还不错，他想过一个安静的晚上，也许跟玛丽和孩子们一起看场家庭电影。可惜，他忘记在回去的路上买一打鸡蛋了，他本来应该把鸡蛋捎回家，以备第二天的早饭用。

"你买鸡蛋了吗？"约翰刚进门，玛丽就问起了。

"哎呀！"约翰拍拍脑门儿，"我给忘了。该死！"

玛丽白了白眼。"约翰，我就让你干一件事！你怎么能忘了呢？"

"不是的，"约翰笑着，想缓和一下气氛，"你让我干**两件事**呢。"

"就一件！我让你去市场买鸡蛋。"

"看见没有？去市场，**还有**买鸡蛋。两件事。你知道我一次只能记住一件事的。"

"这一点都不好笑，约翰。我答应了孩子们明天早上做鸡蛋饼的。"

"好了，好了，我现在就出去买。"约翰说道，声音有点泄气。

"算了，晚饭马上就好了。我晚点再出去买吧，反正你也很可能买错。"

"我知道买哪种，散养鸡蛋。你刚才都怪在我头上，我现在巴不得出去呢！"

　　"好啊，你还想让我怎么反应？"玛丽说着，提高了嗓门儿。"你总是忘了我交代你的事。要不就一直拖着，跟我讲你会晚点做。"她开始摆桌子，餐具叮当作响。

　　"还有，你总是给我找事干，然后说我做错了！"约翰回击道。

　　"嘘！孩子会听到的。我们讲好了别在他们面前吵的。"

　　"哦！又一件事我干错了！反正我也没有大声嚷嚷。"

　　"哼，你听起来生气了。"玛丽说。

　　"我没有生气！至少见到你之前没有。"

　　约翰马上意识到，他跨越了一条危险的红线。玛丽不再摆桌子，而是看着约翰，眼中交织着震惊和悲伤。

　　"我还不知道我让你这么不开心。"她说道，热泪盈眶。

　　"哦，我不是这个意思，玛丽。只是我本来心情很好的，然后回了家就……"他的声音越来越小。

　　"也许我应该离开一阵子，给你自己单独待的时间。"

　　"我很抱歉那么说。我就是觉得……我也不知道。"

　　"不是你的错。你只是把实话说了出来。"

　　"好了，玛丽，你得承认我俩之间不太对劲。"

　　"我承认，但我还以为这是每对已婚夫妇的必经阶段。"一滴泪珠顺着她的脸庞流下。

"嗯，五年是一个相当长的阶段啊。"

"有五年了！"玛丽的怒火又起来了。"五年你的感觉都这样？这么长时间你都在骗我！"

"没有，我没骗你，"约翰说道，想把话讲得有道理些。"不完全是。"他的脸上微微浮现了一个紧张的笑容。"我只是……在做我自己。你知道的，避免冲突。"

"你是说，你只是在当胆小鬼吧！"

"嘿！"约翰现在处于全面戒备状态。

"你还有什么没告诉我的？你喜欢上别人了？你有外遇了？还是你只是在办公室下载了色情图片？"

"我真希望我三个都做了！"约翰低吼了起来。

他穿上了夹克，玛丽还没来得及说话他便摔门而去。

在约翰开车去市场的路上，他在回想刚刚发生的事，琢磨着他本该说的话。他把这次的事件看作他们整个关系的缩影，因而越发烦闷。到他买鸡蛋的时候，他还在想，照这样下去，他们的婚姻还能维持多久。故事在他的头脑中继续着。

与此同时，玛丽在跟姐姐通电话，她姐姐正巧打了过来。玛丽巨细无遗地描述了这次口角，还列举了其他的例子，说明她跟约翰在一起有多沮丧。而姐姐珍妮还在纳闷儿这两个人怎么会在一起——她过去十年一直在听玛丽的抱怨。珍妮会把玛丽最近吵架的故事转述给自己的老公，也会在下次见面时，告诉特定的朋友和家人。对于其他人，**约翰和玛丽传奇**中的戏剧演出是很棒的娱乐节目和谈资，很像是谈论头天晚上的情景剧或肥皂剧。当然，他们对自己的伴侣、孩子和同事，也颇有怨言，也会跟别人诉苦，娱乐听众。欢迎来到故事国度！

让我们再看一下约翰和玛丽之间的事件。这次观看的视角是：他们之间的一切都是在故事囚牢的围墙里发生的。

"你买鸡蛋了吗？"约翰刚进门，玛丽就问起了。

"哎呀（受害者）！"约翰拍拍脑门儿（迫害者），"我给忘了。该死！"

玛丽白了白眼。"约翰，我就让你干一件事（迫害者）！你怎么能忘了呢？"

"不是的，"约翰笑着，想缓和一下气氛（拯救者），"你让我干两件事呢。"

"就一件（迫害者）！我让你去市场买鸡蛋。"

"看见没有？去市场，还有买鸡蛋。两件事。你知道我一次只能记住一件事的（拯救者）。"

"这一点都不好笑，约翰（迫害者）。我答应了孩子们明天早上做鸡蛋饼的。"

"好了，好了，我现在就出去买（拯救者），"约翰说道，声音有点泄气（受害者）。

"算了，晚饭马上就好了（迫害者）。我晚点再出去买吧（受害者），反正你也很可能买错（迫害者）。"

"我知道买哪种，散养鸡蛋。你刚才都怪在我头上，我现在巴不得出去呢（迫害者）！"

"好啊，你还想让我怎么反应？"玛丽说着，提高了嗓门儿。"你总是忘了我交代你的事（受害者）。要不就一直拖着，跟我讲你会晚点做。"她开始摆桌了，餐具叮当作响（迫害者）。

"还有，你总是给我找事干，然后说我做错了（受害者/迫害者）！"约翰回击道。

"嘘！孩子会听到的。我们讲好了别在他们面前吵的（拯救者）。"

"哦！又一件事我干错了（受害者）！反正我也没有大声嚷嚷。"

"哼，你听起来生气了（迫害者）。"玛丽说。

"我没有生气！至少见到你之前没有（受害者/迫害者）。"

约翰马上意识到，他跨越了一条危险的红线。玛丽不再摆桌子，而是看着约翰，眼中交织着震惊和悲伤（受害者）。

"我还不知道我让你这么不开心（受害者）。"她说道，热泪盈眶。

"哦，我不是这个意思，玛丽（拯救者）。只是我本来心情很好的，然后回了家就……"他的声音越来越小。

"也许我应该离开一阵子,给你自己单独待的时间(受害者/拯救者)。"

"我很抱歉那么说(拯救者)。我就是觉得……我也不知道(拯救者/受害者)。"

"不是你的错。你只是把实话说了出来(受害者)。"

"好了,玛丽,你得承认我俩之间不太对劲(拯救者)。"

"我承认,但我还以为这是每对夫妇必经的阶段(受害者/拯救者)。"一滴泪珠顺着她的脸庞流下。

"嗯,五年是一个相当长的阶段啊(受害者)。"

"有五年了!"玛丽的怒火又起来了。"五年你的感觉都这样?这么长时间你都在骗我(受害者/迫害者)!"

"没有,我没骗你,"约翰说道,想把话讲得有道理些。"不完全是。"他的脸上微微浮现了一个紧张的笑容。"我只是……在做我自己。你知道的,避免冲突(拯救者)。"

"你是说,你只是在当胆小鬼吧(迫害者)!"

"嘿(受害者)!"约翰现在处于全面戒备状态。

"你还有什么没告诉我的?你喜欢上别人了?你有外遇了?还是你只是在办公室下载了色情图片(迫害者/受害者)?"

"我真希望我三个都做了(迫害者/拯救者)!"约翰低吼了起来。

上述对话很容易出现在电影或电视剧剧本中,似乎大多数这种类型的娱乐节目，都会使用受害者、迫害者和拯救者的元素。我觉得有趣的是，这么多的**故事囚牢**的故事可以很容易写成喜剧，哪怕故事人物很明显在受苦、生气、觉得内疚或羞愧。如果人类能不再把问题当成个人化的，我们就能后退一步，看到许多我们所谓的危机其实是多么微不足道，甚至是幽默的。

◎欢迎来到故事国度

还有内在故事，一些是你讲给自己听的，另一些你活在其中，却没能有意识地留意故事的叙述。你讲给自己的故事里，开头经常会提出一个典型的问题：**为什么？**一旦你开始问为什么，你就是在邀请你的心智去编织故事，好让自己弄清楚，获得控制感，并希望找到离开当前困境的门路。

在外在世界，你很可能会陷入你的个人剧情中，觉得不得不将戏剧延续下去，直到实现一个满意的结局。但到头来才发现，前一个扣人心弦的剧集刚结束，另一个又紧接着开始了。有时，你有两到三个故事同时上演，你一天之内从一个跳到另一个，或同时应付所有的。发生在你身上的任何事——以及你采取的任何对策——如果可以用语言描述的话，就是故事。如果有挑战或不适感，你很可能可以分辨出受害者、迫害者以及拯救者正在你这个主角身上起作用。它们是故事的不同层面，像桥一样连接着内在和外在世界。当你察觉到这些角色在通过他人表演时，他人反映的就是你的内在相应的层面。

比如，如果你在工作中遇到问题，你的老板可能看上去很心烦，冲着你或你的同事嚷嚷，四处问责，或威胁着要怎么惩罚。如果你细听老板如何表达自己，你会发觉他们的表现与你心智中的迫害者毫无二致。也许你父母中的一方常常在另一方面前扮演迫害者的角色，而且有特定的行为方式。有朝一日你成年了，也有了自己的亲密关系，也许你会很震惊，发现自己做事和讲话，也用同样的迫害方式。也许你认为你表达迫害者的方式是从你妈妈或爸爸那里学来的。如果你这么想，你就陷在故事中了，而且故事多半是不真实的。你的行为不是像父母那样，而是像那个迫害者——它一直以来，影响着你的每一位祖先，以及地球上的每一个人。在本章末尾，你会看到一张表里面列出了迫害者存在方式的各种特点。我可以向你叫板，看你能否找到一个不具普遍性的特点——单单只适用于你、你的父母或你的祖先。

同样，你可能观察到，伴侣的某种行为方式让你想起了你的父亲或母亲对待你的方式。也许伴侣的吹毛求疵让你想到了妈妈，她总是盯着你，让你好好地干家务；或伴侣不断地纠正你说的话，而过去你每次跟爸爸说话，他也总是会来纠正你，这两者出奇地一致。我数不清有多少次听到案主脱口而出——"我们在一起八年后，我才发现我娶的是我妈！"或"当我老公发火时，他的表现就和我爸生气时一个样！"

所以许多人，维持了一段亲密关系多年后，声称他们有时或经常觉得自己像小孩一样，又回到家跟父母住在了一起。当然，这样的抱怨通常是在冲突的时候冒出来。

也许你和伴侣有特定的方式来表达受害者、迫害者，或拯救者，这与你特定的个性吻合，但这只是让你的故事（即：关系问题）听起来与众不同而已。

嗯，你说的很多我都不同意！

OK。

我是说，我认为我的父母对我现在的样子，还有我在关系中的表现，都有巨大的影响。我认为我伴侣也是这种情况。

OK。

你说"OK"什么意思？我们两个人不可能都是对的。

为什么不呢？这是故事国度。我可以这么讲故事，说无论你的父母怎么对你，你并没有因此成为受害者；你也可以讲另一个故事，说你的家教直接塑造了你。在这两种讯息间，还有数百万的故事。

但这不仅仅是个故事。这是我记得的儿时的事情。

回忆也是故事。你可以随便编任何故事，来解释你为什么要这样看待你人生中的事件。甚至人生本身，以及你活着的目的，你都可以编出故事来。我知道这么说会让你吃一惊，但在感觉的层面，故事无关紧要。

想象一下你坐在长凳上，看着美丽的日落。然后你回家，向你的伴侣描述这个场景。你在讲述一个日落的故事，目的是描述一种体验，并希望对方也至少有一点点这样的体验，你们便可共享美景了。你同意这种说法吗？

当然，不过我这么跟伴侣讲述，还有一个目的，就是把这个感觉的时间再延长一点。

好的，但如果你的伴侣没有体会到你所看到的美景，反而嫉妒你有这样美好的体验，会怎么样呢？你在看景的时候，他们却困在家中，修漏水的马桶，或不得不看两个孩子。你本可以在家给对方帮忙的，但你却在外边开心。

要那样可真糟糕！但这不是我跟伴侣讲日落的原因。

一点也不错！你的故事是为了强化一个美丽的体验，而你的伴侣听了，却把这当成你是多么不替别人着想的证据。同样的故事，被赋予了两种不同的意义。故事之所以存在，是为了支持一种人类体验。你可以把那次日落放进百万种不同的故事中，故事情节如何，取决于你想给自己以及听故事的人什么样的体验。你认为你的伴侣会怎么运用这个日落的故事？

多半是让别人都知道，我是个多么不体贴人的浑蛋。

也许，她还可以从别人那里获得些宽慰。日落的故事增强了你对美丽的体验，而在这个例子中，它强化了你伴侣的受害者体验。但如果你对伴侣的痛苦做出反应——试图安慰对方——你就成了拯救者，发现自己又陷入了另外一个故事。或者，你可能也对你的伴侣心烦，成了迫害者，指责他们扼杀了你感受到的并渴望分享的喜悦，然后你就有了另一个故事。数百万的故事，都有相同的基本人物角色，由数十亿人扮演，舞台就是我们所称作的地球。但是，没有任何故事真那么重要。

比如说，你可以把约翰和玛丽以及鸡蛋的故事叫作受害者的故事。现在，让我们假设，玛丽问约翰有没有记得买鸡蛋，约翰马上转身出门去买，而与此同时，玛丽推迟十五分钟开饭。你把这个故事叫作什么呢？

我猜，这是个很短的故事，也很没意思。

没意思，意味着故事一点都无关紧要。那么在第一个例子中，什么才是重要的呢——是故事还是感觉？

> 但日落对我很重要！而我伴侣心烦了对我们俩都重要！你不能说故事一点都不重要！

嗯，体验是重要的，但细节只是背景。让我这么说吧。比如，你一直加班，真的很累。所以你决定打车回家，而不坐地铁或公交。你叫了一辆出租车，让司机把你直接送到家门口，你付了车费，接着下了车。然后你走向家门口并进了屋。听好了，在什么时候出租车不再是你生活的一个重要部分呢？

> 我一下车就不是了。

正确！而且，如果你坐地铁或公交回家了，出租车就一点都不重要了。故事的作用就是把你指向一个特定的体验。一旦你处于这个体验中了，故事也就不再重要了。进一步讲，有数不清的故事，都可以把你指向某一特定体验，所以你选择哪个故事真的无所谓。虽然你会卷入那些最能反映你特定的角色与个性的故事，但这些故事把你导向的体验是普遍的人类体验。

想象一下，如果你胳臂折了，去看医生，她却在真正处理你的手臂前，要求你讲述你折断胳臂的整个故事。她真的需要知道你是怎么受的伤，为什么受的伤，才能处理你的疼痛吗？

不过还是回到我们日落的故事吧！可以有无数的方式让你的伴侣体验到被遗弃和不配得——你在看日落，而对方却要忙着修厕所、看孩子，这只是引出这种体验的多种方式之一。所以到底什么是重要的：是故事还是人类体验呢？

等一下！我没在家帮伴侣做饭，确实让她有被遗弃和不配得的感觉。但如果我在家呢，那些感觉就不会出现了，是不是？

是你创造了伴侣的那些感觉吗？

嗯……我的伴侣可能这么认为……我的内疚告诉我，肯定是我引起的。但很明显，我没有。我还没那么大能耐。

所以你看，你很容易就可以用一个故事来解释你为什么会有这种感觉，而事实上，故事是纯粹虚构的，用来操纵他人，让他们用特定的方式来看待你。

不完全是虚构的。我的伴侣确实觉得被抛弃了，不配得，而

且人家在家辛苦流汗时，我却在看日落，玩得很开心，所以……

但故事只能帮你理解伴侣有什么感觉，而不是伴侣**为什么**会有这样的感觉。人性就是这样，会用故事来解释事情为什么会发生，但是我作为咨询师，学到的第一课就是："为什么"会导致谎言！

如果你感觉很糟，你还问自己为什么有这样的感觉，你马上就激活了故事囚牢的那三个角落。"为什么这会发生在我身上？"——这样的问题会启动下列步骤：

- 放大你不堪重负、生气、焦虑甚至是无力瘫痪的感觉（受害者）
- 表达你对自己感觉的排斥，并愤怒地找人、事（包括你自己的弱点或错误）去指责和评判，想象这就是起因（迫害者）
- 让你攀登到理智、逻辑并善于分析的头脑那儿，针对你的不适感，去解释谁、什么、时间、地点、怎么样以及为什么（拯救者）

你会身不由己地从一个角落跳到另一个角落，但通常会不断回到拯救者那里，好弄清楚，如何解决让你苦恼的问题。当你试着实施拯救者提出的解决方案，发现它行不通的时候，你可能会退回到受害者和迫害者那里，但你只是暂时地退回去，因为你确信，拯救者是让你离开问题囚牢的关键所在。

什么，你是说拯救者不是出路？从来都不是吗？

当然，当谈到机械、数学或科学问题时，拯救者看似能提供指导和答案——即便这些领域的大多数突破，似乎最终都来自直觉。但这本书的主题是关系。所以，我们谈论的是感觉，而拯救者很擅长于精心创作错综复杂的故事，来说明你为什么会有某种特定的感觉——想想精神病学、宗教和心理学这些领域——但它没有能力真正理解涉及感觉的问题，或对这类问题做出有效地回应。比如，对于像一拳打在鼻子上一样这种感觉，拯救者也还是束手无策！

所以你说的是，我们不应该有故事，只要我们的关系中有冲突，我们就应该直接进入感觉。

你又用了"应该"这个字眼。瞧瞧，你的身体存在于一个充满了故事的世界中。每件事情都是在一个叙事的框架内发生的。但你在意识和情绪成熟方面的成长，却与故事无关。

所以，有故事没关系，我们只需要知道何时放下故事。

过程中不涉及放下。放下是我们给自己讲的故事的一部分。我说的是，故事既可以领着你，沿着故事囚牢，来趟快乐的小旅程，也可以把你送到你感觉的门口。那个时候，你可以将注意力转向你的感觉，并且放松进入过程，故事消失了。你在情绪成年方面的进步越大，你就会越少投入你的故事中，除非你把故事当作一种娱乐形式，或是与他人交往的一种方法。从个人化的视角来看，故事是真实的，而且是最重要的。从更成熟、非个人的观点来看，故事无关紧要。

所以当你写到关系问题只是故事时，这就是你要说的意思啦？

正是如此。不好不坏，不对不错；问题只是出租车，可以带我们围着故事囚牢一圈又一圈地转，也可以把我们送到真知的大门口。下面的提纲有助于澄清我所说的内容。

1. **情境：** 所有的情境都是中性的，不好也不坏。事实上，任何情境或事件都是你整体生命设计的一部分，因此是完美的，无论你喜欢与否。作为一个中性的情境，它甚至无须存在的理由——事实就是如此。"这就是正在发生的。"

2. **问题：** 恼火和焦虑两者或其中之一出现，表明不舒服的感觉正在浮现；生而为人，你排斥你的情绪和感觉，并将其投射到情境中。现在情境不再是中性的，现在情境成了问题，变成了你不适感的实际**起因**，而你的情绪与情境纠缠在一起，让你困在**故事**中无法脱身。

3. **反应：** 因为问题在你看来像个威胁，你通常会通过愤怒、负面评判、指责和批评来排斥它；同时，你会充分利用你的理智、逻辑和分析能力，来理解问题，并寻求解决之道。你的解决方法涉及摧毁、修补或逃避问题——或最差也要寻求对付问题的方法。你的故事现在成了紧张刺激的个人戏剧（在关系戏剧中，问题的解决需要你的伴侣——或有时是你——做出改变，无一例外）。

4. **意义**：现在，情境对你具有完全的个人意义，你还把个人的回忆加了进来，于是为你眼下的看法建立了历史依据。这让你的故事更为真实，并带来了一种可怕的可能性：它可能会永远留在你的生活中，成为一个永无止境的故事！

5. **岔路口**：此刻，你可以停下强迫性的反应与行为，转向走过程，或继续在故事囚牢中转圈。现在我们假设你往前进入了下一步。

6. **接纳**：现在你回到了"这就是正在发生的"以及"事实就是如此"的感觉中。你尽量接受这个情境，以及你之前给不舒服的感觉所赋予的意义（你之前为这些感觉赋予了相关的意义）。这包括接受你的伴侣，甚至是支持他们**不要改变**，因为他们的特定行为给你提供了机会，让你得以面对并接受你一直在排斥的脆弱性。

7. **面对情绪的最初步骤**：问问自己，在这个问题背后，有哪些体验——被遗弃、不配得以及心碎三者兼具还是只有其中一两项。辨认出你身体最显著的感受并放松进入它。你的伴侣不再是威胁或对手。

8. **觉知**：你越放松，你的接纳便越深。觉知在增长，你的觉知超越（或穿过）最初的情绪，你体验到了你感觉状态的脆弱性。感觉虽然不舒服，却更加安静，一开始似乎像浩大无尽的深渊。觉知能让你看见或感知到，感觉以能量的模式呈现。任何残存的关于你伴侣的看法或观点，都是为了帮助你看到，是否还有你未留意的更深的感觉。如果你对伴侣还留有怨恨或灰心，就可以去进一步接纳和觉察。个人化的关系成长为非个人化的"爱"。

9. **欣赏**：纯粹、平和、喜悦、充满爱的力量具有一种寂静，当寂静通过觉知不断加深时，一种安静的敬畏感也在成长。你充满欣赏：你就是觉知，而且，本质的平和、喜悦、爱以及力量都在你之内。你也同时认出了你伴侣的本质，并欣赏他们帮助你在意识上成长。

10. **量子转折**：个人的消失。

11. **道、无条件的爱、真正的快乐、妙不可言的，等等。**

当我还年轻，仍处于毛毛虫阶段时，我就是过不了反应这一关。我的恐惧和愤怒会促使我不由自主地猛烈抨击问题，抨击我能发现的任何问题。任何求生存的行为，只要最适合那个场景，我都会采用。我的生活不断展示的例子就是：战斗、逃跑、僵住，或昏掉。因此，对我而言，亲密关系是潜在或真实折磨的来源。浪漫吸引力的最初几周很美妙，但一旦我卷入了所谓有承诺的关系，我就会感到囚牢的四壁在一步步逼近我。我接近伴侣时如履薄冰，总是害怕下一步。我将亲密关系视作监牢，可事实上，是我对不适感的恐惧打造了牢墙。

　　随着我开始成长，我更愿意认为问题的根源是我自己的感觉，但我倾向于去找一个职业的拯救者，帮我化解我的受害者故事，并**释放**掉我所有的过错。后来，我摧毁或净化坏感觉的使命变成了疗愈的使命，后者涉及宽恕以及发展与**上天**的关系。许多美丽的时刻出现，而我花了很长时间才发觉，我只是在拯救者的角落找到了一处仙境。我甚至在那里挂牌开业，当咨询师、工作坊导师和灵性老师，向他人提供我的拯救服务。

　　然后有一天，时间到了，我发觉，不管毛毛虫是否有灵性，我都不是它——除了在形式上和信念中——然后我进入了觉醒的茧中。我转向拯救者，感谢它给了我许多鼓舞人心的体验——虽然我是通过疗愈、灵性扩展和自我改进的幻象体验到的。离开了囚牢的那个角落后，我靠近我的迫害者并感谢它无可挑剔地完成了本职工作。它强化了我关于自身的信念——我是个有局限的、无力的人。接下来，我走到受害者那里拥抱了它，也同时不折不扣地接纳了我的脆弱性——我的人性——包括它过去和现在的样子。

　　然后我走出了囚牢，我就是在这里出生、长大、成婚、养家的。我穿过无门之门时，遇到的第一个人就是我的妻子——还是她十八岁的样子，我们的爱情故事就是那时开始的。即使是现在，我和你们分享的时候，欣赏的泪水仍在我眼中打转。从那天开始，想改变我妻子的渴望消退了，而我对她的接纳和欣赏却与日俱增。

　　故事结束。

本章附录

"故事囚牢"的特点

拯救者	迫害者	受害者
分析者	爱批评人	脆弱
理性者	没耐心	害怕
推动者	完美主义者	被问题弄瘫痪
怜悯的	对结果永远不满意	内疚
给忠告的人	爱惩罚	不幸
让人透不过气来——过度热心	折磨者	怨恨
与感觉解离	指责	没安全感
否定不适感	愤怒	受伤
修补者	无情	气馁
正向的思考者	虐待	抱怨者
喜欢说教	评判	自怜

续表

拯救者	迫害者	受害者
居高临下的人	追求	"我受到了不公平对待！"
妥协者	压迫性	自认不足
问题"解决者"	威胁	失落、困惑

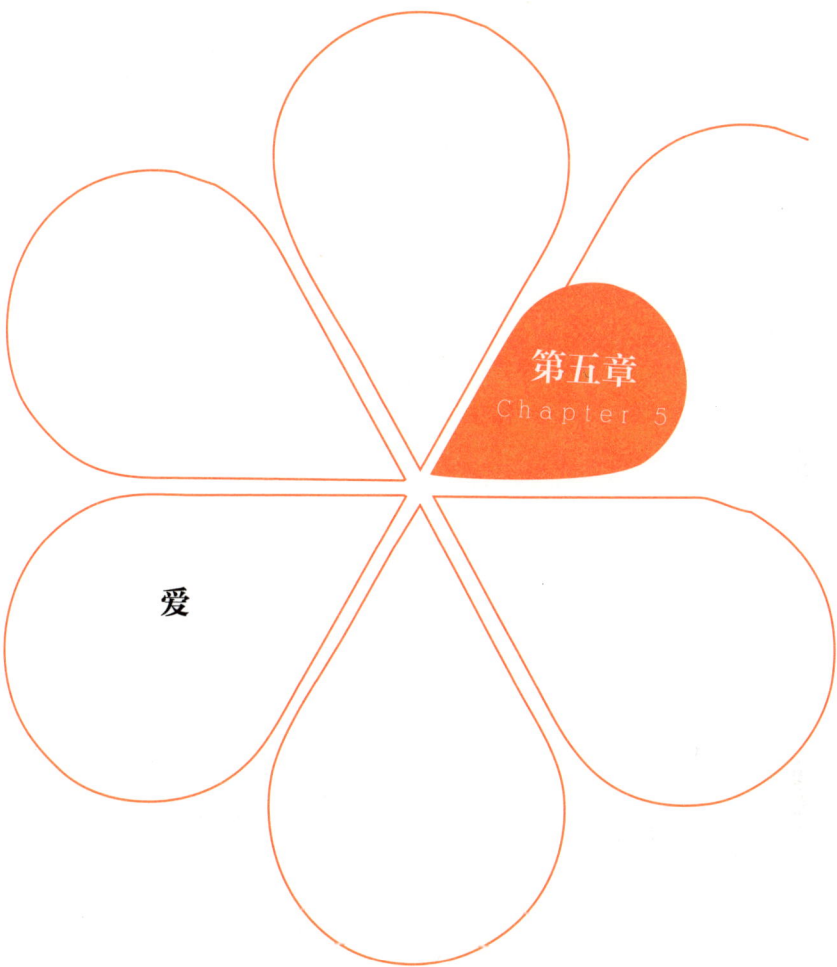

第五章
Chapter 5

爱

原则 #5：
特殊性不是爱。

大概三十年前，我的一位老友及其夫人邀请我去他们位于卡尔加里①
郊外的家中，共度两周，一起到郊外滑雪。我十分享受跟他们在一起的时
光，但在我拜访的第三天早上，他通知我，我得搬走。他会把我安置在附
近的酒店，他们需要我的房间，要准备好等他的岳母来访。他跟我说话时，
脸上兴奋无比。

"但是鲍勃，"我说道，"你不是受不了你丈母娘吗？"

"是啊，嗯，但我现在爱上她了。"他微笑着说道。

"什么？为什么？我是说，这是怎么发生的？"

"她刚刚赢了那个州（指的是威斯康星州彩票；虽然是二等奖，但她
也赢了五十万美元），"他说，"现在她是这个世界上我最喜欢的人，我
会像女王一样待她！"

另一个场景在脑海中出现。我在东京的凯悦酒店，跟一个朋友共进晚

---

① 译注：加拿大西南部城市。

餐，他那时刚刚在股票市场赚了一大笔钱。他说他要帮我，让我也同样一夜致富。我清楚地记得，我们坐在顶层餐厅中，俯瞰着周遭绵延数里的城市夜景。

"那些我要帮他们变成千万富翁的朋友，我都会先带他们来这里。"他说道。

"哇哦，"我说，"谢谢！我爱你，老兄！"

其实，当时我并没有真的这么说，我感觉喉咙呛住了。我想，如果我当时真的能说出话来，或许就会说这么一句吧。我有一笔巨大的按揭贷款要还，还有老婆和两个孩子要养活。我那时认为，成为千万富翁就能让我的生活轻松不少。虽然那次会面没让我真的发达起来，我仍然记得在我朋友说了那番话后，我是怎么看着他的。

真是太不可思议了：需求就这样转化了我们对人和情境的看法，而且，我们似乎是依据需求和渴望的强烈程度来表现的。我们对于特殊性的需要是那么不由自主、难以自拔，于是也很容易将需要与爱混为一谈。我一直都很喜欢我的这个日本朋友，但当他坐在我面前并保证要增加我的**特殊性股票**时，一下子他就排到了我的**特殊性队列**的前端。这个队列是关系的布局，我觉得，每段关系能如何有效地满足我对最大重要性的需求，便决定了其排列的顺序。这看上去是这样的：

◎队列前端（我爱的 / 我喜欢的）

- 我的伴侣、孩子、家庭成员、特别的朋友

- 那些看上去比我重要，但平等对待我的人

- 那些看上去不如我重要，并承认我的重要性的人

- 那些看似对我无动于衷，但只要我看到有一丝机会，未来我在他们眼中可以有一席之地的人

◎队列后端（我讨厌的 / 我恨的）

- 那些看上去比我重要，而且似乎看不起我的人

- 那些看似对我无动于衷，而且我看不到任何机会，可以从他们那里获得欣赏或赞赏的人

- 那些看上去不如我重要，反而对我嗤之以鼻的人（这些人也未免太放肆了！）

排在队伍前端的人是我爱的，爱的程度各异。排得稍后一些的是我喜欢的——从很喜欢到有点喜欢。再往后是我讨厌的人，而排在最后的是我恨之入骨的人。

你可能认为，在我这种概括性的说法中，像"爱"和"恨"这样的字眼太强了——或许只是"恨"这个词似乎有点多余——但我只是设法说明：所有人对重要性的需求有多么强烈。人们因为嫉妒而杀戮，而嫉妒归根结底，不就是需要感觉特殊吗？

如果某人当着一群人，哪怕是很小一批人的面，感到颜面受损，也会被触发很激烈的反应。颜面受损其实是对另一个人的**面子**或重要性的打击，所以用"恨"这个词也不是那么夸张。对特殊性的需求如此普遍，我们经常忽视了它的影响。事实上，我可以打赌，除了涉及实际生存的互动之外，在每个人类互动的背后，都有这个需求存在。

回过头来讲之前的队列——鉴于我认为对方是如何待我的，队伍里的男男女女，他们的位置时刻在改变。过去曾一度是我一生的挚爱或最好的朋友，可能最后排在队伍后面。也许队列不能恰当地表达我想描述的图像。也许用一个三角形或金字塔能更精确地描述关系的布局——我们因为需要感觉特殊而创造出了各种关系。

你可以将其称为**特殊性金字塔**。你当然是位于金字塔顶端的，而你其他的关系，就是依据你与每个人的感觉有多特殊——或需要感觉多特殊——而排列的。如果你在亲密关系中不再感觉特殊，你给伴侣的特殊位置可能就会被你的孩子取代。你外遇的对象可能排名快速上升，结果却在恋情告吹后暴跌。金字塔上的位置甚至不一定是关系本身的；如果工作让你觉得自己最特殊的话，离位于顶部最近的位置，可能就为工作所占据。无论你采用的是什么，你必须有某人或某事，让你保持在那个最特殊的人的高位上。金字塔必须支撑你对自己的认识：你是个极其有用、有力量、不可替代或魅力难以抗拒的人。

但是在你脚下的队列如此多变，哪怕是你的长期关系也是令人捉摸不定的——例如，随着你自己的孩子的成长，他们对你的感觉的稳定性也会随之变化——你在金字塔顶端的据点，远远谈不上稳固。因此，需要不断奋斗来维持这种幻觉——那个你假扮成的角色是个具有特殊重要性的人。

然后有一天你醒过来了，发觉你的关系一直受到影响——史纳屈博士称其为"映现出的自我感觉"，而一直以来，你是以*你认为的*伴侣对你的感觉，来给自己的价值打分的。每天，甚至有时是每小时，你都在想你的自我价值是高还是低。当你意识到这一点，你也认清了：在你所有的关系中，你的特殊感同样也是以这个"映现出的自我感觉"作为根据。然后你便了悟到：哪怕你认清了自己一直在渴求最大限度的重要性，而且明白了这如何折磨了你一辈子，但要停止对特殊性的渴望似乎是不可能的。

老实说，我被这个实情惊到了：我这一生都在追求这个体验的圣杯，向往能体会到真正的*特殊感*，但我却从来没有意识到这是徒劳的、永无止境的追求。你的个人金字塔是没有顶端的。无论你成就了多少、收获了多少，无论你获得了多少的保证、赞扬、认可，甚至是崇拜，*永远都不够*。

◎自我检查时间

也许你可以花片刻时间，直面你想觉得自己十分特殊，确实与众不同的渴望。

你想体验的是什么？换而言之，描述特殊性感觉像什么？

你有了至高无上的特殊感，脑中会出现什么景象？

别人会怎么看你?

别人会怎么对待你?

你是否能较清晰地看到,你的生活会怎样,别人会怎么和你交往?

想象这幅景象,你的生活看起来如何,日复一日,年复一年? 纵情想象吧!

现在,我有三个问题:

1. 你投入了多少年来实现这个特殊性的梦想,哪怕只是一小部分?

2. 你体验到的梦想,它的持续性如何呢? 你每天都觉得自己有多特殊呢?

3. 特殊性是真的吗,还是仅仅是一个信念罢了?

如果你已经发现或正在发现,你厌倦了追逐沙漠中的海市蜃楼,而更乐意体验真相,你便来到了本书的核心:了知你是谁,了知你是什么。你不特殊,不重要,也没有价值。这些都是人类概念,而你不是人。

我不是吗? 我有点晕。还有点被侮辱的感觉。

你正经历在人体这个机器内运转的体验,但当肉体离开时,你依然存在。有一句话很流行,"你是一个灵性的存在,正在经验着做人的体验"。

我会进一步说，你是那个灵性的存在，超越时空，而现在受制于时空，正在经验着做人的体验。我知道语言无法充分表达这种体验。但醒过来就是如此，你不再追逐生命中的光环，开始面对那显而易见之物。那显而易见之物，起初看似平淡无奇，很容易被你置之不理，不屑一顾地说"当然"，或漫不经心地觉得"嗯，那又怎样"。但我们细看一下：你对特殊感的需求究竟是什么，到底是什么想有特殊感呢？

◎突击测验

如果你对自己十分坦诚，毫不留情，你会用一两句什么话来回答下列问题？

- 你需要伴侣如何对你，才感觉到特殊？
- 你觉得不开心时，需要伴侣如何对你，才知道伴侣对你是完全认真的？
- 在外人面前，你需要伴侣如何对你？

以下问题并不直接涉及你的亲密关系，但强烈影响着你的生活：

- 你小时候，是如何设法向父母证明你的重要性的？
- 你这一辈子，是如何设法向朋友证明你的重要性的？

- 你做了什么，好在朋友面前和社会上维持一个为人接受的外表？

- 你生活中有哪些事不是为了满足你的需求而做的？既不是为了让自己获得最大限度的重要性，也不是为了获得无可取代的归属感？

每当你尽力满足对绝对重要性和归属感——即特殊性——的需求时，你对情境和事件的解读，就会以它们能否满足上述需求为依据。你也会据此判定你的关系：

"这人能让我觉得特殊吗？"或是"这个人让我觉得特殊吗？"

你觉得自己越特殊，你认为自己感受到的爱就越多。但这不是爱，因为特殊性是有条件的，最终是排他的。你可能认为，在别人看来，夫妻双方是同等特殊的，但在这个关系中，两人总是在竞争，看谁是更特殊的。

你不带评判地观察你对特殊性的需求，你会在觉知中，美妙地体验到这个需求是如何运作的。开始你会看到，对最大限度的重要性以及无可取代的归属感的需求，观察这个需求如何创造出了浪漫的理想——即完美配偶的想法和形象——正是这人能满足你对特殊性的需求。浪漫的理想引起了期待：这个完美配偶应该如何表现才能让你感到特殊。期望一旦落空，你便启动**伴侣改进项目**，开始是表明你的强烈要求，如果没有满足，你便进而威胁，下最后通牒。

在伴侣改进项目的任何一个步骤中，你有没有发觉爱的存在呢——就你所体验到的爱，或你对这个词的直觉理解？

　　需求的本质就是永不满足。更多地察觉你对特殊性的需求，察觉该需求是如何驱动你的行为的，你便能看见：它对你的重要关系影响重大，它的整体目的似乎是让你收缩，维持有局限的自我感。最开始可能有美妙的浪漫感，让你感到扩张，满脑子想的都是对方爱慕你的场景，但最终，需求会导致萎缩的感觉——失望和空虚。

　　如果你意识到，你的关系几乎从来与爱无关，重点反而是你需要感到特殊，你便灵光一现：你对爱根本一无所知，而且也永远无法得知。因为爱不是你用感官或心智可以了知的东西。

　　所以你是说，我一直追求的是最大限度重要性的感觉，还管这叫爱，我一直在评估生活中的每个人，看的就是他们让我觉得有多特殊？我一直以来认为我爱伴侣，而其实我感受到的是需求？

　　不总是需求。有时你感到的是有所归属的安全感，有时是重要性带来的扩张感，有时是你觉得对生活有所掌握的一种自信感。也有些时候，你对伴侣有真挚的情感，或对伴侣是一个多么美妙的人满怀赞赏和感激。但需求总是会回来，让你更加相信，你还不够好。人类最大的指望就是，去世时还能感到一点点的特殊性。我们希望，我们离开时能让世界更美好，让大家的生活更富足，干成了大事，至少在死之前变成更好的人。想想看，这听起来像是撒手人寰的一个很棒的方式。

但是，你这样来讲，怎么让人觉得……好像这一切错得很离谱呢！

人类的体验是很好的！绝对不可思议。我说的是，人类的旅程绝不止于追逐需求——你不可能在稍纵即逝的基础上满足需求，也不能指望那种暂时性的极度重要感能一直维持下去。我还想说，你能够体验到那种非暂时和永恒。你随时都可以直接体验到，因为永恒正是你的本来面目。

所以我应该更关注我的灵性，而不是人性？

你真是喜欢这个词啊，不是吗？

什么词？

◎ "应该"这个折磨者

在情绪成熟方面，我注意到的最显著的事情之一，便是我的头脑安静了许多，尤其是迫害者和拯救者的音量小多了。突然间，有些词明显减少，比如"应该""必须""不得不""理应"，还有相应的否定词"不应该""不准"等也少多了。少了后我大为惊奇，但也惊讶地发现，这些词折磨了我一辈子，因为我赋予了"应该"一个崇高，甚至神圣的名称——我的**良心**。

按理，良心会指引我做决定，帮助我明辨是非。许多人，包括我在内都认定，如果没有"应该"（或良心），人类社会会充斥着贪婪、自私、暴力的罪人，整个世界会一片混乱。然而我发现，我所说的"应该"这个折磨者实际上让我没法专心听到我的心声，这个声音更轻柔，更有直觉，而且一点都不关心那些评判的字眼，如"贪婪""自私"或"暴力"。

当你把这种理解带入关系领域，它就会挑战一个被最广泛持有的信念——关系之道有对错之分。同样站不住脚的还有一个信念——关系有神秘的规则手册，上面写着诸如此类的内容：

- 你的伴侣应该满足你的需求，而你也应该满足伴侣的需求。
- 有好的关系，也有坏的关系。你应该总是为好的关系而奋斗。
- 你应该总是竭尽所能，让伴侣开心。
- 你应该总是当忠实的配偶，你永远都不应该对伴侣不忠。
- 无论是你伴侣犯的错还是你自己犯的错，你都应该原谅。
- 你错了就应该承认，如果你伴侣错了，你便要有耐心。
- 你应该愿意去平静、清晰地沟通，并带着开放的态度，去倾听伴侣的立场。
- 每当意见不一致时，你应该总是寻求令人满意的折中办法。

你也许注意到，别人也有这种"应该强迫症"。有时它呈现为建议（"你应该多休息""你不应该吃这么多红肉"），或显示为意见（"政府应该给年轻人创造更多工作机会"），或让抱怨听起来合理（"这里热死了！为什么没有空调！"）。虽然这些例子并没有总是用"应该"这个词，但通常是暗含此意的。只要一个词引发压力，无论是正面的还是负面的压力，就可以看出"应该"的影子了。无论正面还是负面压力，这个词的言下之意，似乎往往涉及自我改进，或自我保护。

人们通常认为，自我改进需要某种程度的内疚作为动力。觉得自己表现糟糕，你下一次就会更加努力。觉得自己的身体形象糟糕，这样你就能变得更有魅力。为自己的错误内疚，这样你就能弥补，成为更好的人。

我看得很清楚，我们给予"应该"这个词的意义，往往与排斥事实有关。还有一点也很清楚：应该的背后有种不满感。大家盲目跟随这一个词的指引，多奇怪啊！哪怕指引是自相矛盾的，我们还是相信它是绝对可靠的。一会儿它会说："你干得真辛苦。你应该坐下来，奖励自己吃块蛋糕。"十分钟后，它可能又说："你不该吃蛋糕的，太容易发胖了。"

看这么说行不行："你跟你的伴侣一样重要；你应该维护自己，坚持自己想要的。"

当然了……"你不能这么自私；伴侣想要的也很重要。"

你往往有两个或多个"应该"同时运作，指的方向相反，让你处于困惑的两难境地：

a）你应该告诉伴侣，投资很糟糕，你亏了不少钱。

b）不行，这会让他们心烦的。还是保密，自己找个法子把钱补回来。

a）这也是你伴侣的钱啊！他们有权知道。你应该承认错误。

b）保持和谐更重要。你应该只字不提。

a）你对伴侣应该完全坦诚。

b）坦诚只会引起问题。你就该想办法把钱弄回来。

a）你应该马上告诉伴侣。

b）你应该能拖就拖。

a）你最开始就不该投入那笔资金的。

b）你做任何事前，都该跟伴侣商量的！

  上面的评论隐藏着各式各样的指责、后悔、抱怨、懊丧，还有评判，不过很明显，听到这样的内在对话时，这个人是多么备受折磨啊。在煎熬中，这个人无法专心听到直觉的声音，而正是这个声音在一直给予你清晰的理解和指引。直觉永远不会告诉你该做什么，因为它明白，在任何时刻，你能做到什么，此外对你别无所求。接纳是你直觉中恒定的状态。上述评论中恒定的状态是不断地排斥——排斥赔钱的事实，排斥你设想的伴侣会有的反应，排斥自己感受到的恐惧、气馁和绝望。

当人们进一步成长，到了情绪成年时，他们会觉察到心智中的折磨者，在不断地告诉他们应该或不应该做什么、说什么，还有什么应该或不应该发生。有时他们会反问自己的折磨者："我怎么才能知道什么是应该发生的呢？我怎么知道呢？"其他时候，折磨者会安静下来，只需要你简单地认识到这就是正在发生的，事实就是如此。

◎插曲

暂停片刻，注意你所处的位置。看看你周边的空间，现在是几点钟了，透过窗子的光线如何，你穿了什么。

注意你头脑中有没有关于你所见所闻的评论。

注意有没有关于你现在的感觉的评论。

想一下你的人生处境：

- 你的财务状况
- 你亲密关系的状况
- 你的友谊状况

- 你的健康状况

你在以上任何生活领域中，有没有感到不满意？你是否听到一个声音在告诉你，其中任何一个处境不应该是目前这个样子的？如果听到了，你的身体是否有相应的感觉，来证实那个"应该怎样"的声音？

现在，具体地想一下你的亲密关系（如果现在没有，就想最近的那段）。观察你的头脑是如何看待你的伴侣的。你的头脑是否告诉你——

- 你的伴侣应该有所不同？
- 你对伴侣应该有不一样的感觉？
- 你对伴侣的看法应该不同？
- 你应该更好地对待伴侣？

如果其中一项或多项符合你的情况，请注意你内在的支持你的"应该"陈述的体验。这是喜悦、平和的体验吗？这种体验把你指向你本来面目的真相吗？

现在，在脑海中保持你伴侣的形象，想想你们关系的大体状况，包括你们如何交往，如何对待彼此。

提醒自己*情况就这样*。不好也不坏，中性的，你的关系就是这个情况。

说出来，"情况就这样"。

暂停一会儿，注意你的体验。然后再说一次，"情况就这样"。

用一两分钟来做这个小冥想，然后回到本书上。

你也许注意到自己的内在发生了叛乱——随着你把注意力转向接纳，排斥感加剧了。也许你听到自己在说："不行！我想让关系更好！我想让伴侣更好！我想让自己更好！这些没一样是够好的！"

这是合理的反应，因为接受正在发生的事实，缺乏戏剧性、魅力、浪漫，以及需求制造的强烈感——尤其是你对特殊感、对独一无二的需求。哪怕"应该怎样"本身的折磨也看似有更多激情和生命力，相比较而言，完全如实接受本然，显然很空虚。毕竟，本然不好也不坏，没什么特殊之处。但是，当一个人在接受的过程中成长，觉知便会揭示被头脑视而不见的美好——头脑在不断寻求更好的东西，忙着满足自我的需求。当所有探寻停止时，帷幕拉开，你能目睹，简单存在便是无尽奇妙，在你面前展现出了超越一切智力所能理解的无限平和，以及那妙不可言、无条件、非个人的力量的爱。

所以我不该用太多"应该"？或我不该再相信"应该"告诉我的话？

太幽默了！不是的，"应该怎样"的词语自己会慢慢平息下来。它们也许不会完全不理你——因为个人心智的特性就是制造"应该怎样"——

当你如实接受正在发生的，它们对你的影响和干扰便会减少。当伴侣站在你的面前时，生命也展现在你的面前。需求、信念、评判和"应该"让你盲目，因此你只能看到你的需求、信念、评判和"应该"。这样，你对伴侣倒不满意了，转而开始寻找别的东西。更多的东西，更令人满意的东西，更令人惊叹的东西……更多更多的东西！但是，借由接纳、觉知和欣赏，你逐渐能直接体验到生命，没有什么比这个更完满、更惊人的了。

揣摩一下哲学家圣奥古斯丁的话，请留意，如果其中一行里面有情绪和评判，紧接着的一行便是爱的回应，有着无懈可击的平和。

体验说："这不可能。"

　　爱说："事实就是如此。"

骄傲说："这真滑稽。"

　　爱说："事实就是如此。"

谨慎说："这太大意了。"

　　爱说："事实就是如此。"

理智说："这是胡说。"

　　爱说："事实就是如此。"

迷信说："这是厄运。"

　　爱说："事实就是如此。"

洞见说："这毫无希望。"

爱说："事实就是如此。"

我补充上：

浪漫说："这很枯燥。"

爱说："事实就是如此。"

需求说："这很空虚。"

爱说："事实就是如此。"

评判说："这是错的。"

爱说："事实就是如此。"

如果把上面的话再看一遍，请你的心告诉你，其中哪一句指向了真理呢?

第六章
Chapter 6

一直在你身边

原则 #6：
我的伴侣支持我在接纳、觉知和欣赏方面成长。

你生命中的每个人都是为了一个目的而来的，虽然有时看上去并非如此。不同的人出现，是为了支持这个目的的不同方面，有些人扮演的角色还不止一个。不过，当你从故事囚牢的墙外来看待你的人生时，你会看到，你的人生电影有一帮出色的配角，而你是主角。这在你配偶和孩子身上特别容易看出来，因为他们总是站在你这边的。

所以你是说，我的伴侣和孩子总站在我这边。

是的。

哪怕我们吵架时，伴侣跟我意见正好相反，也是这样吗？哪怕孩子在做我不想让他们做的事，而且明显没有从我的视角看问题，也是这样？

是的。

那为什么事情发生时，看上去不是这样的呢？哪怕事后也不是？

会的——一旦你理解了自己的观念，理解了是什么让你以现在的方式看待孩子和伴侣，你就会这样去看。你提到，你跟伴侣吵架时，两人立场相反。我肯定你注意到了，在你所有的冲突中，围绕着争执的问题，你和你的伴侣会出现两极分化。

是啊，伴侣错了，我是对的——瞬间极化！

说得不错。两极分化似乎发生在关系的多个领域。一方可能内向，而配偶更偏于外向；一方通过观察来了解，而对方更多是倾听；一方可能有艺术天赋，而对方可能连火柴人都画不出来。你可能发现，一个笨手笨脚的人，和一个稳重沉着的人生活在一起；一个心不在焉的人，和一个孜孜不倦的人生活在一起，如此类推。一般而言，在我碰见的每个关系中，我注意到两极分化发生在两个方面：需求与情绪。一旦涉及谁更需要谁，夫妻俩就分化了：谁会更多表达对另一方的需求，就会显得依赖，而谁会掩饰需求，就会扮演独立的角色（表6.1）。

表 6.1　需求与情绪引起的两极分化

独立型	依赖型
否认需求	表达需求
显得更强	显得更弱
显得更有权威性	显得更顺从

即使双方对重要性的需求同等强烈，独立型的伴侣会显得不那么需要对方。有许多这样的例子：独立型的伴侣表现得漠不关心、无动于衷，避免表达需求或关爱，直到依赖型的伴侣确定自己受够了，离开了这段关系；直到那时，独立型的伴侣才突然崩溃，陷入无可救药的依赖，不顾一切地要赢回失去的爱人。如果离开的爱人确实回来了，独立和依赖的角色也往往跟着回来，只是程度可能比以前要轻些。

在情绪这个领域，你会发现关系中的个体应对感觉的方式大相径庭，一方倾向正向那极，而另一方倾向负向那极。

表 6.2　个体应对感觉的情绪表现

正向型的一般特征	负向型的一般特征
看大局	关注细节
否认并压抑不适感	为不适感困扰
阳光的态度	愁容满面的态度
太易信任人	过于多疑
做决定很冲动	决定前先研究
想要解决方法	想要解释

正向型的一般特征	负向型的一般特征
隐藏问题	找出问题
"总裁"	"副总裁"
容易取悦	难以讨好
乐观主义者	悲观主义者（往往是"现实主义者"）
开朗快乐	郁郁寡欢
扩张的	收缩的

（注：这些描述的细节，可翻看本章末尾的附录。）

在冲突产生时，正向型和负向型的分化会变得愈加明显。很少有人把冲突看成是机会，能在接纳、觉知和欣赏方面有所成长。因此会排斥冲突，而加剧了分化。一方面，关系中负向型的伴侣常被视为不快乐的前兆，爱抱怨、批评，主要关注关系出错的地方。负向型的伴侣，有时没有指出对方的错误或关系哪里不如意，这时候，他们一般是在不快乐或气馁中挣扎，可能是在对自己生气或因抑郁而想放弃。一旦去上班或跟朋友外出，同样这些负向型的人，有可能显出一副乐天派的模样，没有任何问题或不安全感。

另一方面，正向型的伴侣不承认有任何不对劲的地方，只因为他们不想解决问题。能在平稳的高速公路上潇洒行驶时，为什么要在崎岖不平的路上开车呢？如果你的关系的确有些坎坷，那就假装你在平滑的高速路上，或者，颠簸只是小小的不便，很快你就又可以潇洒上路了。社会常常会敬仰并崇拜正向者，甚至将其视为有远见卓识的英雄，为世界带来繁荣和成功。正是正向型的创新者看到了石油的价值，从中创造了所有那些美好的产品——同样的石油，负向型的学者却认定它是全球变暖的罪魁祸首，污染了水、土地和空气。负向型的社会成员也可能指出，正是那些所谓的正向型成员大权在握时，发动了地球上的每一场战争，并试图消灭每个大洲上的土著居民。正向者会据理力争，认定负向者思维负面，态度悲观，吹毛求疵，因此他们才是所有问题的真正肇事者，而留下来的烂摊子，还得正向者来收拾呢！我们可以一直这么辩论下去，而且每个极性的人都认为对方是错的。

◎ 一致与顺流

当你看一节电池时，想象一下如果电池只有一极，能正常发挥作用吗？你马上会看到，正是两极之间的配合，创造了和谐与顺利的感觉。正向型的合伙人想出了一个点子，与负向型的合伙人商量，后者指出了计划中的缺点，合作关系会顺畅发展，公司也会成长。同样，在你的亲密关系中，如果你和伴侣愿意敞开考虑对方的观点，并共同制订行动计划，这时，你很可能体验到和谐流畅。这种敞开产生了一致，而顺畅流动是一致的表达。关系若达不成一致，便没有顺畅流动，而是会左右颠簸，几乎无法前进。

所以，在所有领域都达成一致，是快乐关系必不可少的？

这我倒不知道，但一致是和谐及顺流的要素。快乐不依赖于一致，因为快乐不依赖于任何东西。不过，不一致能帮你觉察到，你在当下是否体验到了快乐。我们先看看，当你困在二元分化中时，你是如何看待伴侣的。首先，我会再给你看一个模型，这综合了各个极性，描述了每一个极的需求和感觉（非常感谢恰克·史匹桑诺（Chuck Spezzano）[①]，他在 1989 年向我展示了他的版本的概要模型）。

你或许可以考虑花几分钟，研究一下这个模型（表 6.3），看看在你重要的关系中，你在哪里待的时间最多，也留意你伴侣似乎在哪一个象限花了最多的时间。在研究模型时，你可能注意到，你有时会移到其他象限，但往往有一个象限，你很少会在那儿（注：把模型用在你孩子身上时，你会发现你几乎总是在独立那边，不过随着孩子逐渐长大，这可能会变化）。

请留意，在每个象限中，你的行为可能极端不同，这决定了你离坐标中心距离的远近，这个距离决定了你倾向于表现出的情绪成熟状态。例如，一位负向独立型的人极少会施虐，除非他们离中心太远，行动完全没有意识。情绪成熟度的一个指标是对压力的反应，出现有压力的情况时，不太成熟的人会离中心更远，摆出更强的防御姿态。

有时，关系出现不一致或意见分歧时，你会注意到压力对各个极性的影响。也许伴侣会抱怨你的行为，说你并没有表达出足够的关爱，而你想说服伴侣，你有多在乎对方。在这个互动中，我们看到你位于正向独立型

[①] 译注：知见心理学创始人。

表6.3　重要关系的需求和感觉模型

正向独立型	正向依赖型
特立独行	梦想家
超级拯救者	甜美
不知疲倦	热心体贴
激励者	不触犯人，飘忽不定
制造者	提议解决方法的人
思想宏大（华而不实）	急切的讨好者，没头没脑
容光焕发，精力充沛	令人窒息/献殷勤
盲目地不为人着想	有被虐的可能
有大格局	小狗般的能量
负向独立型	**负向依赖型**
思想清晰、敏锐	温暖、关怀他人
力求卓越	善于安静地观察
容易被激怒	具有恻隐之心的咨询师
暴躁	悲观主义者
爱批评、挑剔	容易担心
没耐心	爱抱怨
完美主义者	无奈（自认不足）
有施虐的可能	永不满意
	有可能被悲伤与焦虑淹没

的象限，而配偶处于负向依赖型的那极。有些时候，你可能警告伴侣，他们花太多时间在工作上，忽视了他们作为配偶和家长的责任，而你的伴侣坚称，他们正因为爱家才做出这样的牺牲。在这个例子中，角色互换了，你是负向依赖型的，伴侣占据了正向独立型的象限。下面我们来看看更多的例子。

你是正向依赖型，围着伴侣来回转悠，对方正忙着弄一些家庭财务的文件。你问伴侣是否需要什么，并聊起了今天上班发生的事，以及孩子在学校干了什么。你的伴侣是负向独立型，你在那里喋喋不休，对方不时叹气，很不耐烦，到最后气冲冲地说你打扰了他的工作。

你是负向独立型，宣称你受够了伴侣的一个习惯：你招待客人时，伴侣滔滔不绝，讲一大堆无关紧要、趣味索然的话题，可能客人也烦坏了。你的伴侣是正向依赖型，一再道歉，看上去像受伤的动物，用甜言蜜语哄着你，说这么做"只是想让客人开心开心，轻松一下"，但伴侣的语气进一步激怒了你，你大发雷霆，批评、评判和指责轮番上阵。

一般在生活中，大家都想争取做正向型，避免不适感，寻求正向刺激。在婚姻、亲子或原生家庭这样很亲近的关系中，要做到这点更难——在这样的关系中，一方会趋向负向的位置。这是因为，在这些环境中，需求和感觉似乎更容易被激起。发生冲突时，如伴有强烈的恼火或焦虑感，你往往会深入四象限之一，而卷入冲突的另一方，似乎会陷入与你所处位置相对的象限。还有一点意义重大：对方离中心点的距离与你是完全一样的。

所以，如果你极端正向独立，你的伴侣也会显得极端负向依赖。

如果你转移位置，你会目睹伴侣也在转移，同样，如果你靠近中心，对方也会跟着你靠近中心。

中心点代表什么？

我把它叫作超越灵魂的桥梁。它代表了量子场，有人也称其为无门之门。还有人将其等同于《爱丽丝漫游奇境记》中的兔子洞。移向中心意味着，你已经认识到你的恼火是个信号，表示你在无意识地排斥浮现的任何不适感，而你现在正将接纳、觉知和欣赏带入不适感中。过程能直接将你领到中心，甚至跨越桥梁，接触到那妙不可言的感觉。随着你放松进入过程，不经意间，你一般会观察到，伴侣的态度或行为似乎有所改变。

如果要伴侣转变，我总是要先带头吗？我是说，伴侣的工作看来很轻松，而担子却都要我来挑！

这不是担子，这是一个成长的机会。而且也不是*必须*的问题，必须是*应该*的另一个说法。随着你在情绪上逐渐成长，你会自然发现你在朝中心移动——甚至是跳向中心！你这么做不是因为你*应该*或*必须*这么做，而是因为意识增长时，人自然而然就会这么做。当这些发生时，你对伴侣就会刮目相看了。这里常用的一个比喻是镜像效应。如果你靠近镜子，镜中的影像也会靠近你。

把这个比喻引申一下：你的影像会如何表现，完全取决于你的行为。你照镜子时，如果你举起右臂，并把手从右向左摆动，你的影像会举起左臂，并从左向右摆动。影像对你做同样的事，只是方式相反。记住，这只是我用的一个比喻，好说明这个极性的模型如何运作。用一个比喻去解释另一个比喻。要点是，你对伴侣的看法，是严格地由你的位置决定的。

所以，如果我的伴侣生气，只是因为我所处的象限，还有我离中心有多远。如果我移到另一个点，伴侣就会消气了吗？

也可能更生气，这要看你朝哪个方向移动。如果你调整行为，是为了操纵伴侣让他消气，你就没有向中心靠拢。可能你的行为在模仿往中心的移动，但这无法产生你想要的结果。你不过出于需求和（或）恐惧，在无意识地行动，你的伴侣也会无意识地行动，反映出这种需求和（或）恐惧。

这个模型是为了帮你变得更有意识。当然，在某些人看来，研究这个模型，与朋友、家人讨论可能会很有趣，但没必要详细探讨。如果你开始发觉，无论你怎么看待伴侣，都完全由你的意识状态决定，那个模型就能帮你更容易地进入过程。当你意识到你在如何看待伴侣时，你会想起来

"我这么看待伴侣，唯一的原因是，我正在体验着 _____"。此后，关键不在于设法改变你是如何看待对方的，而是注意你正在体验着什么。举些你可以怎么做的例子：

"我把伴侣看成是爱批评、没有耐心的；因此，我肯定在正向依赖型的象限，感到紧张而尴尬。"

"如果我把伴侣看作一个多愁善感的人，陷在情绪中出不来，我肯定在上面正向独立型的国度里。我正在否认或解离什么样的感觉呢？"

"我的伴侣粗心大意、丢三落四，真郁闷，让我撞墙得了！肯定是我的负向独立面在提示，我内在有某种深深的不快乐。"

"我不断地想，伴侣那么疏远，不顾及我的感受，但肯定是我，淹没在负向依赖中，迷失在我的情绪故事中，而没有注意到我内在真正重要的感觉。"

我希望你明白，世界上没有任何人会这样说话——哪怕在烂片中也没有。

但要点你懂了，对吗？你的每个看法——不光是对伴侣的，还有对世上的每个人和每件事的——都取决于你自己和你正在体验着什么。你很容易看清这点——只要你更多地照镜子问自己："我今天是如何看待自己的？”

人们对自己的看法并非总是一成不变的。有时你照镜子，会喜欢你所看到的；而有时，则不太喜欢；虽然从一天到另一天，你的外貌并没有显著变化。同样，虽然你的伴侣日常没有那么大变化，但你对伴侣的看法却会彻底改变，这取决于你内在体验到了什么，以及你对此是有觉知还是没觉知——接纳还是排斥。

在之前的章节中，我说过你的伴侣可能像一个刺激物那样表现，好帮助你觉察到内在的不适感。实际上，当他们似乎是在刺激你时，在这些情况下，你的伴侣并非刺激物，而只是你内在的生气或焦虑的一种反映。

在毛毛虫或无意识的阶段，相较于虫茧或觉醒阶段，你伴侣所扮演的角色有很大差异。比较下列情况：

当你几乎或完全无意识的时候，你的伴侣看起来可能是：

- 威胁，或痛苦的起因
- 信念的老师，或拯救者
- 有条件的或谨慎的朋友

随着你意识扩张，逐渐向情绪成年发展，你的伴侣看起来可能是：

- 镜子，或过程的信号
- 启发者，或真相的老师
- 玩伴或同伴

实际上，以上描述适用于你生活中遇到的每一个人。上述**威胁**指的是某个敌人或潜在的敌人，这可能是过去伤害过你的人，现在正在伤害你的人，或者只要有机会，未来可能会伤害你的人。老师是给你信息和指引的人，让你在世间更为干练，或是帮你苦苦追寻那永远都找不到的东西。有条件的朋友是你在无意识阶段，能达到的最佳的关系状态。这可能是知己、亲密伴侣、家人，或和你有共同兴趣爱好的人。无论你把那个人叫作你的灵魂伴侣、最好的朋友、好哥们，或泛泛之交，你们两人间总是有某种程度的谨慎，而这来自你的信念：这个人能够伤害、羞辱或者背叛你。根据你的生活处境，你最亲近的人可以承担三种角色中的任何一种。仅仅一天之内，丈夫或妻子便可以由老师转为谨慎的伙伴，再摇身变为威胁。

入茧时，你会意识到没有信念是真的，没有人能让你快乐或不快乐，而且生活的每个方面都是为了帮助你忆起**你**的本来面目。这时，你的各种关系，无论亲疏，似乎都在转换。同样是那些人，品行还和以前一样，但因为你在经历蜕变，你开始对他们另眼相看。因为没有人可以伤害你，你将威胁单纯地看作一种镜面反射，为你反射出某些不适感在为信念火上浇油，让你对真相视而不见。

在毛毛虫阶段，老师的作用是帮你维持你的信念（即使你认为那位老师是开悟的存在，或灵性更进化的存在）。在茧中，老师成为启发或支持你的人，帮你看**穿**信念，体验到在信念之外有什么在等着你。你的伴侣智慧深邃、清晰明确，常让你惊讶，即使他们和你讲的内容你以前听过很多次了。这是因为，过去你只是听到了，而现在你会倾听了。

最后，谨慎的友谊关系会演变为另一种关系——玩伴的关系。对重要性的需求不再是沉重的负担，你会有更多的轻松感，在我们称为世界的虚拟现实中，你可以尽情享受存在的奇迹。而人们，即使只是在人行道上与你擦肩而过的路人，或站在同一级自动扶梯上的陌生人，都成了你生活的美好部分，哪怕这些只是稍纵即逝的片刻。生活变得更像是演戏或电影，每次相遇都有种机缘巧合的奇妙感，而你把对方看作精彩游乐园或游戏场中的玩伴。

在你的亲密关系中，根据当下为你提供了什么样的人类／灵性体验，你的伴侣会从一个角色转到下一个角色；但你片刻都不会忘记，你的伴侣是支持你的人，协助你完全忆起你是什么，以及你为什么在这里。

有没有可能我已经在茧中，而我的伴侣仍在毛毛虫阶段？

凡事皆有可能，而且这是否发生无关紧要。关键在于你如何看待你生命中的人和事。

没错，但如果我醒了，或成长了什么的，我就没法分享我的体验了。就算我说了，伴侣也不会理解我说的或感觉到的。

那这就是你要体验的最重要的事了。如果这让你不舒服，你可以放松进

入过程。如果没有不舒服，你可以单纯地欣赏你的伴侣在做他们自己。无论

怎样，你都不会有损失。你对伴侣的欣赏会增加，这与你以为的伴侣所处的

阶段无关，而伴侣会继续扮演你的镜子、老师、玩伴中的一种或多种角色。

◎快快乐乐的，人生不过是一场梦

我们用几个不同的比喻来看看你的情况。首先，我们将你的人生看成

一场梦。比如说，一天晚上你在床上睡觉，你梦到你和伴侣坐在餐桌前。

突然，一个颇具魅力的陌生人走了进来，开始亲吻你的伴侣。如果发生了

这等事，你认为你会有什么感觉？

我想我会真的很气愤。如果看得更深点……也许会心碎，还

会觉得很不配得或微不足道。

好的，那我现在有三个问题：首先，有这样感觉的是梦中的你还是睡

在床上的你？

嗯，我猜两个都有吧。

这么说，梦中的你有真实的感觉。如果你在梦中死去了，你在床上也

会真的死吗?

不，当然不会。我多次梦到我死了，而我现在还在这儿！所以我猜，当我想起这件事时，只有在床上睡觉的我感到受伤了，但是我以为我正在厨房，在那里感到了伤害。

好的，现在第二个问题：当你醒来时，你会转而指责你的伴侣背叛你了吗?

其实，我还真这么干过一次。那时，我梦到我的伴侣有外遇，为此我整整气了两天。

嗯，我发觉我太荒唐了，我们俩最后一笑了之。

这引出了我的第三个问题：是谁让你的伴侣开始和一个迷人的陌生人调情的?

没人——这只是一场梦!

啊，但是是谁在做梦呢?

好吧，我明白你的意思了。是我让这整件事发生的。

还包括你赋予这件事的阐释——你的伴侣背叛了你。你本来可以梦到一个不同的解释的，或你也可以梦到迷人的陌生人进来，在你伴侣面前亲吻你，你是一切发生的创造者。现在想象一下，这个世界是梦的一部分。而你，指的是真正的你，并不在梦中。你正躺在超越时空的国度里，梦出了这整件事。发生的每件事都是你的梦的一部分。梦中的人物，除非做梦的人要他们这么做，他们自己本身能说或做任何事吗？

不，我想不能。

所以，也许你可以用这种方式来看待你的关系——你伴侣说的每句话、做的每件事，纯粹因为你梦到是这样的。

但这么做的目的是什么？为什么我会梦到我的伴侣是这个样子呢？

这让我想起了我听到的一个故事。一位女士梦到她走在荒无人烟的街道上，突然看见一个恐怖的怪物向她跑来。她开始逃跑，但无论她怎么做，她似乎都无法摆脱怪物。她跑进了一幢房子，锁上门，转过身，却看见怪物就在身后。所以她从窗户跳出去，接着逃跑。她拼命要甩掉怪物，但一切努力都是白费。然后她跑进了一条巷子，而这是个死胡同。她碰到了砖墙，发现无处可逃，转过来面对怪物，并尖叫："你到底想要我怎么样？"怪物回答："不要问我，夫人，这是你的梦！"

故事不错，但这是如何回答了我的问题的呢：我梦到我的伴侣就是她现在的样子，我做这样的梦，目的是什么呢？

我不知道，梦的目的是什么？梦开始了，你体验到梦，然后梦结束了。就我能看到的，做生而为人的梦，唯一的目的就是充分体验做人的方方面面。但我介绍这个比喻，是因为这也许有助于你在各种关系中的互动。当你的伴侣有任何你不喜欢的表现时，你可以提醒自己，这是你伴侣在那时唯一可能的表现方式，因为这梦境是你设计出来的。如果你内心感到这个说法是真的，那么它可以帮你看得更清楚。但如果你觉得这讲不通或不合适，那就不要理会这个比喻。

◎这不过是一场游戏

另外一个你可以看待生活的方式是通过演戏的比喻，如果你曾观看过现场表演，你会发现演员都是在很严格地背自己的台词。一场戏可能在百老汇上演多年，而每晚演员都在重复同样的台词，因为他们是按照剧本来表演的。如果演员随心所欲嚷出任何台词，或唱了一些跟要求不一样的曲目，那么《狮子王》也就不再是《狮子王》了。《狮子王》有特定的讯息和意义，是戏剧的创作者想要表达的，因此要按剧本来演，才能达到创作者的目的。

假设你的生活有特定的目的和意义，因此创造者——你——设计出了能完美实现这个目的的剧本。每个方面、事件和人物都不折不扣地贯彻了这个剧本。没有什么是偶然的，也没有什么意外；每件事都是完美按设计进行的，这意味着你所体验的任何伤害、烦恼或焦虑，都不是你伴侣的责任，因为在你人生的这出戏中，每个演员都只是在按剧本演出而已。记住这个，能让你更容易脱离任何情绪反应或权力争斗，而转向内在，看那里等着你的是什么。

我怎么才能知道你讲的是真相？或者做梦或演戏的比喻有任何真实的成分吗？

比喻不是真相，它们只是为你指向了真相。它们是否能做到这点，或我讲的是否是真相——嗯，我要么讲的是真的，要么不是，你的心会辨别是不是真的。意识到我的妻子和孩子在按剧本演出，在我生活中的特定时间帮到了我，让我更能接纳，更快速更直接地转向走过程。另一个时候，对我有帮助的是我意识到：我的妻子和孩子，还有其他人，会因为我自己所处的象限,而看来是以某种特定的方式在行事。以上的两种方法,或者我在本书中提到的任何其他方法,都不是真相。过去有些方法对直接体验到真相有帮助,目前有些仍然有帮助,但是,这本书中没有一个字是真相。

本书中的文字意在指向对真理的认识,但这些词本身并不是真理。真理无法用语言来描述。

当我们谈论的主题是针对有帮助性的比喻时,另一个可以想到的比喻是电子游戏,尤其是角色扮演的那种——你选择了一个人物,然后送它去经历某种冒险。你很容易就全情投入,并真的感受到恐惧、沮丧、兴奋,甚至对其他人物感到羡慕或嫉妒,还有其他范围广泛的感觉和情绪。无论你是以胜利还是失败结束游戏,当所有的人物都从屏幕上消失,游戏结束时,你获得了一种体验。这就是你为什么玩游戏——为了获得一种体验。你也可能注意到了,游戏中的每个人物是由其优势与劣势来定义的。人物差不多也就是如此,具有自身的优势、劣势、潜力和局限。在整个游戏中,人物都会忠于自己的特点,因为游戏就是这么设计的。在你的关系游戏中——这是你人类游戏的一部分——你的行为是由你的人物角色决定的,而人物设计出来是为了有特定体验。一个重大的体验来自你相信你就是那个剧中的人物;在人类旅程中,跟在这个信念之后的是另一个体验:发觉你并非那个人物。

这个角色扮演的游戏是三维(加上时间和思想是五维,或者可能有更多维度)的虚拟现实。其中,每个人物一开始都相信,他们自己与游戏都是真的。如果你认为在你体内运转的人物是真的，那么你会认为你伴侣的人物也是真的，并且可以自己独立运作。只要你相信你是个平凡的人类，这就是真的。当你入茧的时候，视野开始扩张，你看到了信念之外的，由此产生了直觉的领悟：每个人物的行为与其他所有的人物的行为息息相关，发生的所有互动都有一种必然的感觉。当然，你的伴侣会在这个特定的时间和地点说那句话，做那件事！那些话和行为的目的就是你的镜子、老师或玩伴，给你提供机会去体验接纳、觉知和欣赏——让你得以了知！

　　就是如此完美！当你真正看见这点时，所有的比喻融合了——做梦、电影、演戏、电脑游戏——就是如此！这既美妙、无限，又无意义的生命体验。你就是那生命！

　　哇哦！真是太神奇了——如果这是真的话。但我还是搞不懂为什么。为什么生命是那样的？我是说，我享受生命，我也欣赏我的伴侣和孩子。我真的爱他们，但我不懂为什么我们得像毛毛虫那样活着，然后进入茧中，出来时变成蝴蝶，如果我们还能出得来的话！或是如果我们能进得去的话！我就是没法不想我为什么会在这儿……

　　我之前说过，"为什么"这个问题引来的是谎言。"为什么"这个词的目的就是提示我们应用有限的智力来试图理解无限，而这是徒劳的努力。虽然我们可能没法从智力上去理解，但有可能在意识中去体验这个设计。我在写下这些字句时，正坐在我们租来的度假套房的沙发上，地点是不列颠哥伦比亚省的惠斯勒镇①。我妻子坐在餐桌边，在电脑上工作。我眼睛凝视着壁炉，觉察到了她在附近，但有种*我*不在这里的感觉。我们的身体存在于外在的世界中——即被罗伯特·沙因费尔德所称作的故事国度中——但*我*不是这具身体。*我*也不在这具身体里，虽然看上去*我*似乎是透过这双眼睛在向外看。

眼能视物，但对所见之物的觉知却不在这具身体里，*我*就是觉知。这种觉知不在这个房间中，不在惠斯勒镇上，甚至也不在这个世界、这个故事国度中。*我*不在这里。我可以继续描述我正在经历的神奇体验，但我要阐明的重点是：这种体验的到来不是因为我问了*为什么*。"为什么"列车是另一种精彩的人类旅程，不过也是在兜圈子，你们可以自行在其他的哲学、心理学或灵性书籍中追寻这个问题，但我们现在接着探索关系的主题——关系的设计及目的。

如果你愿意考虑一下，我所写的内容可能指向了真相的体验，你也可能会想，关系不是人设计的，而是出自一种远非人类所能理解的惊人的智力、智慧，以及创造力。关系的目的是要帮助你觉察到那个无与伦比的力量（顺便提一下，*你*就是这个力量）。随着你在接纳、觉知和欣赏方面的

_____

① 译注：为加拿大不列颠哥伦比亚省辖镇之一。

成长，关系的目的随之实现。所以，让我们看看这三种品质是如何在我们的内在增长的。

◎三位好友再度携手

我在前面写过，接纳常常是人们面临的重大挑战，不过通常是因为接纳让人联想到了终极气馁或无奈的个人感受。无奈反映出我们的一种信念：因为自己不重要（或不够重要），我们失去了获得真正快乐、成功、完满或富足的机会。当接纳和无奈挂钩时，难怪人们会自动排斥接纳这个想法，以为这和美好的体验一点都沾不上边，而这是因为人们赋予了接纳个人化的，也就是个人偏爱的阐释。接纳与个人的喜好无关，接纳反而是种欢喜的解脱！那么，人们怎么从个人化的、令人灰心丧气的无奈感转化为非个人化的、令人鼓舞的接纳体验呢？

对很多人而言，接纳始于忍受——某种心智和情绪的力量，来对抗人们排斥正在发生的事情的倾向。当你觉察到了你正在排斥某种情境或感觉，你可以刹住这种强迫症，然后会发觉自己在*忍受*这种情境或感觉，虽然你还是不喜欢它、还是想排斥它。忍受会带来*容忍*，*容忍*就是不随不适感起反应的意愿，这常常涉及某种程度上自觉的平静呼吸。与其将注意力黏着在那种情境或情绪反应上，不如将注意力带到呼吸上，观察呼吸的一进一出、一上一下，这样，容忍便演变为*放松*。你会注意到，当你没有完全如实接受某人或某事时，你内在有紧张感，可能呼吸不顺畅，很可能肩膀、下颌和太阳神经丛是绷紧的。放松会释放压力，让你平静地看待你排斥的根源——不舒服的感觉，并如实地**接受**这些感觉，时不时问自己以下问题可能会有帮助：

"我是透过排斥还是接受的眼睛在看我的伴侣？"

虽然似乎许多人是从忍受开始，然后逐渐过渡到容忍、放松，最终能真正接受，但也未必一定按这个步骤发生。在面临不尽如人意的事件时，是有可能直接接受的。

没错，但也可能没法接受！我是说，你难道没有什么恐惧或痛苦，当你感受到的时候，你的身体就是没法放松，你就是无法自拔？

是的，在那些时候，接受确实看似不可能。

所以，那些时候你怎么办？

我尽力接受：我似乎无法接受我正在经历的东西。我尽力接受：我相信了自己的人性。不管怎样，这似乎帮我觉察到了超越小我之上的东西。

接着讲下去，觉知是格外简单的体验，试图让觉知发生会带来人为的困难和复杂。有觉知和**尝试**有觉知的区别，正如滑雪和**尝试**滑雪的区别。

当一个人试着做什么事时，有如此多的复杂的内心对话发生，那么多的怀疑升起，更别提要记住必须步骤的顺序、协调的压力。如此一来，下坡滑雪的很多时间，你都会摔屁股蹲儿，要不就是跌跌撞撞地下来，弄得雪花四溅、设备纷飞。

◎ 觉知练习

更直接地触及觉知的方法就是简单的留意。按下列步骤，一条一条地做，练习完了一条建议的内容后，再看下一条。

注视你的右手掌，约十五秒。

很简单，对吧？现在，注视你的整个右手一会儿，不要移动你的眼睛，但也不要聚焦在你手中的一个点上。你的眼睛很可能落在一个特定的点上，但这不妨碍你留意整只手。

像前一个练习一样，还是伸出你的手，闭上眼睛，约二十秒，觉察到你手的存在。

接着，再次闭上眼睛，这回觉察到你的整个身体。

你是否注意到，觉知并不依赖于你的视觉？

现在，保持眼睛睁开，但不要移动眼睛，觉察到你身处的房间，包括你的后面、下方、上方有什么，包括你所在的房间或空间外的区域。如果你在室外，就去觉察你的整个周边环境。

你是否注意到，你的周边环境，连同你的身体，都在你的觉知之内？

你是否也注意到，你的觉知并不受你的感官的约束，因为你能觉察到你看不见、摸不着、听不到、尝不到，又闻不到的东西？你是否还注意到，你的身体还有你所处的空间没有觉察到你？你所觉察到的每样东西似乎都没有觉察到你。

现在，再次闭上眼睛，觉察你内在的那个异常广阔、似乎无边无际的空间——你的**内在空间**。注意，它没有界限或边缘。

一个如此宽广的内在空间如何能存在于这个明显有限的身体内呢？

最后，闭上眼睛，只是观察来到你这里的任何念头。让它们过去，就好像天空的浮云飘过一般。练习一分钟。

你是否注意到，你的念头位于你的觉知内？你是否还注意到，你的念头在你的心智内，而你的心智也位于你的觉知内？

现在，大问题来了。

你是否注意到，**我的觉知**或**你的觉知**，这样的想法也在你的觉知里？如果你在觉知里，觉知不可能属于你自以为的那个你，但是有一个**你**在体验着觉知。那个有觉知的**你**是什么？

这不是你的身体、你的念头，也不是你以为你是的那个人。比如说，觉知是我之前提及的那个妙不可言的你，在我把话题带回到关系上之前，停下来想一想我刚刚写的话的内涵：

如果觉知就是那个妙不可言的你，将会怎样？

如果那妙不可言如此轻易便能触及，这是否意味着，人们所有的灵性追寻，所有的修炼、精进，以及对寻求真理近乎狂热的投入，全都是不必要的？是否对真理的实际寻求让真理变得似乎遥不可及，而让你失去了与真理的联系呢？

现在回到关系的话题上，因为这是本书的主题。当你和伴侣在一起觉得不舒服时，你如果生气，对不适感起反应，觉知似乎便收缩了，并将自身一分为二。首先你内在模糊地觉察到你不开心；此外，你还觉察到你不开心是因为你伴侣的言行，你也模糊地感知到了，那个正在记录着伴侣行为的外在世界。外在的觉知可能足够大，能涵盖你的周边环境以及邻近的其他人，但通常，你似乎将拥有的那么一点觉知，大部分都放到了伴侣身上。这些时候，觉知似乎非常狭小与有限，让正在发生的冲突显得巨大无比。同样，在你的内在空间，你的受伤、愤怒，以及迫害者／受害者的念头似乎占据了你的整个觉知空间。我将其称为**个人体验**，一切都关乎发生在你身外或身上的事情。觉知似乎完全依附于你的感官、念头和感觉。

现在想象一下，你坐在一群观众中看表演，演的是一对夫妇卷入了冲突中——同时，也想象一下，剧本是你*写*的，所以你知道接下来要发生的每件事。你目不转睛地紧跟着剧情的各个片段，欣赏每个演员讲台词的方式，留意到了场景设计和灯光。你将整个演出收入眼底，而同时，你也在体验演员传递出的感情是如此逼真而美妙。在这种情况下，你的觉知似乎要大许多，范围更广，内与外的觉知实际上是同一个觉知。这听上去仍然像个人体验，但是你，作为戏剧的创作者，不处于情绪化反应的状态中，而是对上一段描述的事件保持了更大的觉知。随着更大觉知而来的是超脱感。觉知不属于小我，也不会局限于冲突中的人物以为重要的事上。

想象你是一位宇航员，盘旋在地球上方，同时倾听着人际冲突的戏剧。你知道冲突发生在下面的地球上，但冲突只是一个庞大星球上的微小部分，而星球本身也只是看似无限的宇宙中的微粒。戏剧中表现的冲突，放在你的整体体验的背景下，其重要性可能比原子还小。相比之下，在最初的场景中，你全情投入冲突中，在那片刻，它成为你人生中最大的、最重要的议题。这三个例子——你的个人冲突、戏剧和宇航员的感知——它们唯一的区别在于觉知的收缩或扩展。

觉知还有另外一个特质：它可以揭示在幻觉的面纱之外有什么。如果你对"幻觉的面纱"一词产生不了共鸣，你可以说在你看来是真的事情，觉知会揭示这个事的背后或之外有什么。当你第一次体验到悲伤时，你很可能认为悲伤就是你的实际感受。将觉知带到你的内在空间，用觉知来拥抱悲伤，你便在个人的层面上脱离了悲伤，从而看见了能量的非个人的特性——在你赋予它名字并评判它为不好的感觉之前，这个能量早就已经存在了。加深或扩展你的觉知能让你穿透振动的外表，认出能量里的那股不摇动的力量。这股力量似乎是纯粹静止的，散发出喜悦、平和以及充满爱的存在状态。记住，这一切都在你的觉知里面，所以如果你继续走过程，甚至那个美妙的力量也会消失，你便坠入了兔子洞中。此后在觉知中发生的是……空无！

因此，虽然觉知似乎没有开端也没有结束，你可以从只是简单的留意，来开始有意识的觉知的体验（如果你想深入探索这个话题，我推荐彼得·久班（Peter Dziuban）的著作《简单的留意》（*Simply Notice*）。当冲突在你和伴侣之间产生时，花片刻时间去面对你内在正体验着什么。将你的注意力从**故事**中撤出，放在你内在的不安上。不要分析你的感觉，不要为感觉找理由或辩解，而是心平气和地观察最显著的感觉，或那一团乱麻般的感觉和情绪。往往，觉知会自动进入你体验的中心，过程会持续进行，直到达到它的目的——平和地感觉并接受你的脆弱，享受你的本质，或落入兔子洞中／进入量子场。

那冲突呢？冲突是怎么解决的？

哦，这个啊！嗯，当个人化反应这个干扰去掉了，冲突一般就自行解决了。或你灵机一动，直觉知道该如何回应。其他时候，冲突就不再是问题了，虽然所有冲突的要素依然存在。总之，所有的问题看来都是当务之急，但是很多却是无关紧要的。

最后，我们来到了欣赏这个主题——我们讲一下毛毛虫一旦入茧后，欣赏是如何体现并增长的。当你思考"敬畏＋爱＋感恩"这个公式以及其中每个词的含义时，"欣赏"这个词似乎不足以表达这种体验，当你看到这个词在日常生活中的应用时，尤其如此。看看下面的例子：

鲍勃：迈克，谢谢你帮我搬到我的新公寓中。我对此真的是充满了敬畏、爱和感恩。

迈克：呃……是吗，好吧。没问题，鲍勃。不过，我只是抬了几个箱子罢了。

说正经的，一旦你进入茧中（有时甚至在那之前），在某些片刻，你会直接体验到生命和存在，从而瞠目结舌，充满了惊奇感。你的心随着爱扩展，你想泪汪汪地说谢谢你——即使没有表达谢意的对象，而且就算有，也没有任何词语足以表达这种感受。这种类型的欣赏是无出其右的。

如果你正在经历很美好的，或至少令人愉快的事，这么欣赏我还可以理解。但我没法想象发生糟糕的事情时，还能感到敬畏、爱和感恩。

我明白，面对尤为不快或痛苦的情境时，头脑会强烈抵制欣赏的想法。不过，情境本身不好也不坏。情况糟糕仅仅是因为你的评判，我们知道这意味着什么，对吗？

嗯……等等。我一分钟前还知道答案呢。

这意味着你觉得不——

——不舒服！这意味着我觉得不舒服！

是的，而且这还意味着有个信念正在阻碍你，让你没法在当下看到真相。即使在这些时刻，你也可以启动欣赏的过程。这始于你认出你信以为真的假象，并且留意到有超越信念以外的体验存在。

我能理解，如果我的伴侣做了某件让我发火的事，我可以放松进入过程，最终又能再次欣赏伴侣。但我在气头上的时候，怎么可能直接跳到欣赏呢？在那种情况下，我怎么能看出值得欣赏的优点呢？

不是让你在你认为的坏情况中去寻找优点，好和坏都是对情境的评判，都是时来时去的。在这个二元的宇宙中，这就是生活的现实，只要你还生活在二元对立中，或按某些人的说法，**活在分离中**，就必定有高与低、进与出、苦与乐。但是，在苦与乐这两种体验中，都有一种恒定的临在，你可以觉察到这种临在，因为它没有躲藏起来——这种临在是**可以**体验到的。

你说的临在是种友爱、喜悦、平和的力量，嗯，这样很好，不是吗？但是当我对伴侣生气或大发雷霆时，我看不出有什么喜悦或友爱的东西。

我说的是你的本质具有一些品质，我们会把它们看作爱、平和、喜悦、创造力，等等。这些品质本身是超越了我们所谓的爱、平和、喜悦的良好感觉之上的，而临在是完全超越感觉的。这有点像可以照明的灯泡、能够烤面包的面包机、一块手表，还有 iPod（苹果公司音乐播放器）。第一个可以放光，第二个发热，第三个计时，第四个播放音乐，它们的共同之处是什么？

它们都是人类的发明？

也算，但它们能运转，都仰赖某种并非人类发明出来的东西——电力！所以，即使它们有四种不同的机能，而共通点却是电，没有电什么都动不了。临在就像电力——在这个世上发生的一切的背后，绝对都有临在。这股力量的显现数不胜数，但临在不受任何显现的束缚。如果你能看到临在，你就不会那么在意你伴侣的言行，因此也不会受太大的影响。这始于认出——不是用眼睛去认，而是用心；不是用头脑去理解，而是通过直觉。

"认出"就像超越信念的桥梁。你目睹了一个你不喜欢的情境，并对自己说："哇哦！我真的想判定这个情境是错的，但我知道实际不是看起来的那样。"或者说："哇哦！正在发生的太逼真了，但我知道这只是表象。"或有时你可以说："我欣赏这份痛如此逼真，但实际上它是临在乔装而成的！"（或"道"乔装而成的，或诸如此类的）这里有更多的例子，说明如何去激发更多的欣赏：

"我真的很欣赏我的伴侣这么惹火我，支持我放松进入过程。"

"我真的很欣赏这个金钱问题，支持我看到恐惧不是真的。"

"我欣赏我的伴侣批评我，帮我面对关于自身的信念，其实信念不是真相。"

"我欣赏我的伴侣完全地忽视了我，支持我面对我的依赖感和不重要的感觉。"

"即使我的伴侣真的对我很恼火，我也欣赏对方是在多么完美地按剧本演出。这个表演不得不令人信服！"（记得编剧就是你，会让你有更多的欣赏）

最初，表达欣赏可能显得造作，如果你不能在内心看到真相，就会一直造作下去。但如果你直觉地体会到欣赏的真实感，那么对自己说出欣赏的话语，能帮你洞穿你的情绪反应，从而引导你走过程，或者让觉知立即感应到临在。

随着一个人意识的成长，接纳、觉知和欣赏会自然增长。以往，人们认为这些品质是灵性修炼的目标，直到今日，成千上万的人练习培养这些品质，而不了解通常练习本身所强化的与接纳、觉知和欣赏正好背道而驰。

所以你是说，那些冥想的人，觉知并没有增加；那些练习宽恕的人，在接纳和欣赏方面也没有增强？

基本上如此，但这不并适用于每一个人。当你有意识地体验这三种品质时，你便处于一种冥想状态，而且也没有什么要宽恕的。也不需要任何练习，因为练习通常是对真理的搜索，或对了解真相的权利的努力争取。

但你刚才还说我可以练习欣赏，哪怕我没有感受到，你现在又说练习其实也弄不出什么名堂来。

我说的大多是那些生命处于毛毛虫阶段的人，练习是另一趟兜圈子的列车。但当你下了车，开始朝情绪成年迈进时，接纳、觉知和欣赏便会毫不费力地增加。尽管如此，人们仍有迫切感，觉得要专心致志，好达到更深的意识层次。这就是为什么我建议，即使你没有感受到欣赏，也可以练习欣赏。你可能觉得有必要练习一段时间，但这种必要性通常不会持续很久。

本章附录

◎**极性**

有一点值得注意：几乎没有人在所有时候都只处于一个极性中。此外，在读者看来，某个特定的人的行为表现，并不一定有本书中描述的这么极端。

◎**正向型的一般特征**

只看大局：通常忽视细节。正向者热爱远大的理想，但不愿意陷在日复一日打造大局的琐碎细节中。

否认并压抑不适感：正向者似乎认为情绪痛苦会要了他们的命。

阳光态度：无论在面具后发生了什么，表面上一直显得快乐而满足。

过度信任：正向者想要生活在没有坏人的世界中，所以任何进入他们圈子的人必定是好人。

冲动的决策者：因为他们很烦调研，所以正向者喜欢做头脑中冒出的第一件激动人心的事，或买第一样看上去还可以的物品，并盲目地希望细节也能妥妥当当的。

想要解答： 对正向者而言，问题太不舒服了，指责太没吸引力了，弄清楚事情的来龙去脉太麻烦了，而且浪费时间。所以，"让我们把这事搞定，然后继续往前"。

隐藏问题： 如果他们不能马上搞定问题，他们会否认问题的存在。如果他们觉得身体不舒服，他们不太可能去看医生，因为医生可能会发现什么毛病。

"总裁"： 远大的理想和办成事情的热情，让正向者比负向型的人更经常坐上总裁或首席执行官的位置。

容易讨好： 正向者希望每件事都是美好向上的，所以在身处的大多数情境中，他们都会创造出一种愉快感。如果一个正向者下了地狱，他会说："这下面暖烘烘的！"还会拉把椅子靠近火边！

乐天派： 与其杞人忧天、寝食难安，不如及时行乐。一个正向者可能从四十层高的窗户摔了下去，跌了三十九层后，还会说："到目前为止，一切顺利！"

◎负向型的一般特征

注重细节： 负向者非常讲究一个计划或企业的每个小细节。他们关注细节不遗余力，不可预见的错误或事故发生的可能性不大。负向型职业的一个好例子是会计，因为最小的细节都是至关重要的。

纠结于不舒服的感觉： 一个负向者入住酒店房间时，如果之前的客人留下了一丝淡若无痕的香水气味，而这味道是自己不喜欢的，负向者会让酒店员工给他们换一间味道更清新的房间。

阴郁的态度： 负向者天生就有本事从任何情境中挑出毛病，所以他们经常是泼冷水那位——会指出一个情境中的所有问题。

怀疑过度： 负向者总是在提防着欺诈、蒙骗或失望，并往往会小心翼翼地接触新认识的人。怀疑加上注重细节会让他们把伴侣放在显微镜下持续审查，寻找对方言谈举止上的最微不足道的变化，这些可都是关系出问题的征兆。

研究后再决定： 负向者在彻底研究后再做交易或采购，会暂时变成正向者。他们会花数天时间，不厌其烦地调研产品，直到他们确信花的每一分钱都值了才罢手。

需要解释： 负向者确信，如果他们知道为什么某事会发生，他们便能掌控情况，并确保坏的情况不再出现。可惜为什么会引来更多的为什么，但负向者肯定，只要他们看得够仔细，挖掘得够深入，所有的为什么都会有答案。

发现问题的人： 通过抱怨、批评和其他类似的不满的表达，负向者总是那个宣称关系中有问题存在的人。作为带来坏消息的人，负向者觉得内疚，因此问题便更复杂了。毫不摆架子的正向型伴侣连屋子都没有进，负向者就已经在打造自己的防线了。

"副总"：负向者是制衡正向型总裁的最好人选，因为他们会仔细研究计划的细节，挑出自相矛盾的地方，或可能会发生的令人不悦的反响。

难以取悦：负向者好恶分明，非常挑剔。如果伴侣想挑选蓝色围巾，作为礼物送给负向者，最好精确地把握蓝色的深浅，选对材料（你知道涤纶会让我发痒的），还要选对送礼的时机——在负向型的伴侣心情易于接收的时候才送。不然，送礼的人得掉头回到商店，要不退款，要不换货。

悲观主义者（通常也是"现实主义者"）：正向者常常指责负向型的伴侣太悲观了，而负向者仅仅是指出了伴侣计划或梦想中他们看到的非常现实的问题。例如：

正向者：我们去马来西亚待两周吧！

负向者：不好，那里雨太多。

正向者：哦，不要这么悲观嘛！

负向者：但现在那里是雨季啊。

正向者：你为啥总是给我的建议泼冷水呢？

这个例子引出了另一点：一个负向型的伴侣是为数不多的能将正向者转为负向者的人。这能让负向型的伴侣有种（积极正向的）满足感，两者间的极性会因此发生突然翻转。

负向者的行为方式是为了清除通向快乐道路上的所有障碍，正向者对现实的忽视让他们愤愤不平。正向者会有自己的一套行为，因为他们愿意相信自己已然是快乐的；因此，没有障碍存在。他们认为，是负向者无中生有捏造了问题，负向者应该凡事看开一点才对！

第七章
Chapter 7

从粘连中解放

原则 #7：
我和伴侣各有一艘自己的船。

处理冲突时，每个人情绪成熟的阶段决定了各人不同的回应方式。如果你细看下面的关系阶段模型，你可能看见在你自己的伴侣关系中，某种进化在发生。看一下，当你重要的关系有冲突出现时，你能否辨识出自己一般处于什么位置，有什么倾向。

◎第一阶段（毛毛虫的行为）

- 冲突出现时，不愿意尝试坦诚的沟通，因为你更在意的是保护自己，控制伴侣。

- 就算与伴侣有互动，也是防卫性的：攻击或被动攻击（指责、批评、冷嘲热讽等），随后通常进入了撤退。

◎第二阶段（毛毛虫移向虫茧）

- 进行有限的尝试，通常是防卫性的接触，或者是半开放的，准备好逃到盾牌后躲起来。接着努力去控制伴侣。做出某些尝试来自我安抚，偶尔会放松进入某种个人版本的过程中——一般这样的过程旨在疗愈或改变自身，让你成为更好的人。

- 从互动中撤出，有时是为了保护自身并重温故事，而其他时候是为了面对你的感觉。

◎第三阶段（入茧，毛毛虫身体消融，长出翅膀）

- 刚开始进行开放的接触时，偶尔还会有残留的防卫。逐渐地，你会承认自己的脆弱而不会责怪你的伴侣引起了你的痛苦。当不适感积累到某个难以招架的点时，你会请求暂停，去走过程。你离开房间，不是撤退或脱离与伴侣的接触，而是给自己一些安静的时间，从故事中抽身，并放松进入过程。

- 很少或不再尝试控制伴侣。在放松进入过程的同时，保持与伴侣的开放接触和联结。

随着我们成长，迈入情绪的成年，控制伴侣的欲望便消退了。通常，因为所谓的"一艘船政策"，大部分的文化都会支持传统关系中的控制。我们很多人都将婚姻看成两人乘坐同一艘船，朝着浪漫的落日航行。这艘船常常是男人的，女人将家人和朋友抛在身后，成为男人生活的一部分。女人改姓男人的姓氏，努力协助男人完成自己的梦想和目标——她离开自己的船，登上了男人的船，承认男人是船长。在很多文化中，女人的级别很少超过一等水手，直到老公去世，儿子把她带到了自己的船上——这时媳妇成了低等水手，婆婆提升成了大副。

记得有一次，我在翻阅我哥哥肯在 1969 年高中毕业时的纪念册。他只比我高三个年级，但当问及"你这辈子想做些什么"时，他那年的毕业班和我们 1972 年毕业班的女孩子，给出了明显不同的答案。在肯的班级中，大部分女孩在"妻子和母亲"，以及秘书或空姐之间选择；偶尔有选当老师或护士的，少有选当心理医生的。当时有个不成文的假设：女孩的职业生涯到她们找到真命天子，将她们带离这一切时就结束了。

在我 1972 年的毕业班中，女孩们的回应显示了更宽的选择面，包括生物化学家、工程师、建筑师、医生以及其他的职业；几乎没有女性表示终生目标只是当妻子或母亲，或两者兼具！甚至有些女孩子公然声称：如果她们结了婚，她们要保留自己的姓。

在接下来的几十年中，我见证到，这种态度越来越盛行。更多的女性拿到了大学的研究生学位，婚后保留了自己娘家的姓，在生了一两个孩子后又回去工作，更加意味深长的是，即使老公不同意，她们还是主张有离婚的自由！

不过，虽然有了这么多了不起的变化，人们仍然普遍认为婚姻就是两人共乘一条船。女性现在享有的自由让掌舵成为颇为艰难的任务，因为常常有一方想驶向不同的方向。在这种情况下，人们会鼓励夫妇双方努力达成完全共识，如果行不通，那么有建设性的折中也是可以的。这两种可能性都有问题：（1）要达成双赢的共识可能会花很长时间，而且这种共识一般根本没法达成；（2）折中给人带来的唯一满足就是知道对方和自己输得一样多。第一种情况可能解释了离婚率的上升，而第二种折中的可能性为无数的脱口秀演员提供了素材。他们的经典笑话就是在讲人们在婚姻里不得不忍受伴侣的方方面面。

在我的体验中，完全共识确实有利于顺畅的航行，而折中或各执己见常常会让船去到没有一方真正想去的地方，或更糟糕，哪里都去不了。作为丈夫和咨询师，我越来越真心欣赏所有关系中的共识议题，不仅仅是因为共识的感觉很顺畅、安宁，更多是因为我通过分歧学到了很多，成长了很多。我并非在暗示共识对关系是至关重要的，而是在说你如何处理分歧基本上决定了你整个人生的方向。

"共识"这个词的固有含义是：它依赖两个或多个当事人，就大家如何**共处**做出决定。如果所有相关方不能达成一致的决定，人们认为关系会以很不健康的方式解体。共识＝健康的关系；分歧＝不和谐的交往。因此，除非你们就影响关系的方方面面达成一致，否则你们的关系不可能和谐。最不理想但仍然可接受的一种形式，就是同意可以有分歧。

但关系中的分歧总是被当作令人不愉快的事件，这是怎么回事呢？如果你们在关系中意见不一，是什么让你觉得有必要说服对方，让对方站到你这边来呢？让我们进一步探索这些问题——首先看一下在大部分亲密关系中，有哪些关键领域会造成分歧：

- 性爱（频率、风格的偏好、受外人吸引、互相取悦……）

- 金钱（花钱方式、投资领域、花钱重点、钱是谁的……）

- 孩子（管教方式、教育、饮食、陪伴孩子的时间的质量/数量……）

- 姻亲（配偶父母的影响/干预，在配偶及其父母间分配注意力，需要遵守对方父母的价值观……）

- "特殊性"（对伴侣的关注度；因为工作、朋友、其他兴趣爱好或瘾头，而欠缺对伴侣的关注……）

- 生活习惯（杂乱无章/井井有条，家务活的分配，健康状态和外表……）

涉及在关系中达成并保持共识时，前五个领域通常是最关键的。第六个有时会成为导火索，造成极端干扰。最终，危机会在这些领域中的某一个浮现，似乎"求同"是肯定没戏了，就连承认"存异"都做不到。

- 伴侣 A 想每天做爱，而 B 对此兴味索然。因此 A 转向色情图文或决定有外遇，而这是 B 所不能容忍的。

- 伴侣 A 待在家里照顾孩子，不断花钱，而伴侣 B 必须加班很长时间才能让一家人勉强度日。此时，金钱问题积累到了一个临界点。然后，伴侣 A 发现他们的债务问题的真实原因：B 一直都在偷偷地进行高风险投资，而所有投资均以失败告终。

- 伴侣 A 坚信要严格管教孩子，包括"必要时"可以体罚；而伴侣 B

是绝对反对体罚的，通常对养育孩子报着放任自流的态度。

- 伴侣 A 的母亲在她的丈夫去世后搬进来一起住，并开始掌管了整个家。她对伴侣 B 指手画脚，告诉 B 要怎么做饭打扫，还要 B 听从她的每个要求。当伴侣 B 向 A 抱怨时，A 站在母亲那边，期望 B 能更孝顺些。伴侣 A 在工作上花的时间过多，一连数日对伴侣 B 都不闻不问。当 B 抱怨时，A 坚称这都是为了家里好，但当 A 没工作时，A 其实是在酒吧会朋友，或在家里玩电脑好几小时，让 B 觉得自己被遗弃了，没人爱，毫不重要。

上面所有的例子都是从我关于抱怨的记忆中选出来的。在我的咨询过程中或工作坊中，抱怨反复出现，因为两口子陷在僵局中，各执一词，互不相让。两人待在一起都很难受，虽然有一方会尝试疏离，往上跑到某个正向的象限中，但最终这种正向积极性会逐渐衰退，每个人都闷闷不乐，希望对方不要再坚持相关议题上的立场。在这些情况下，结果往往是离婚、分居，或者我所称的婚内离婚，就是夫妻关系名存实亡——虽然还保留婚姻的法律名分，但彼此间保持距离，攻击一触即发。一方或双方都可能流于无奈的气馁行为，一直都默默地忍受，或彼此疏离，成了婚姻中的陌生人，无论彼此是否还以礼相待。

我再一次提醒读者，关系中的两人只能根据各自的情绪成熟度来行动表现，而且亲密关系中的两人往往成熟水平相同。任何水平都没有错，而且并不是你以为**应该**成长，你便可以成长的。成长是因为一个人从当前的状态中觉醒，并在接纳、觉知和欣赏方面有扩展。在下面的试验中，觉知似乎是首要的因素。

◎突击测验

阅读下列句子，看看你在过去和现在处理分歧时，处于哪种状态：

- 撤退，挖掘战壕、捍卫自己的立场，甚至愿意牺牲关系也要按自己的方式来。

- 撤退，捍卫自己的立场，如果伴侣给你你所想要的，你可以做出特定的让步。

- 撤退，捍卫自己的立场，寻求外部增援，强调你的立场是正义凛然的。在你和伴侣的谈判中应用增援。

- 撤退，一段时间后，面对自己的顽固坚守立场的动机。承认自己反应过度了，开始谈判，寻求共识，但通常只能达到某种折中。

- 设法安抚对方，即使这意味着，你要在对你而言很重要的议题上折中。

- 不惜代价也要和睦相处，向对方的要求让步，而不顾自己想要的东西。

- 坚持不懈地沟通，直到达成了完全满意的双赢共识为止。

亲密关系中的每一方，都可以有自己的一艘船——在这个想法出现前，我坚定地、近乎狂热地支持一个信念：所有的冲突必须通过共识来解决，让双方都完全满意。实现双赢的结果需要双方都放下造成分歧的立场。我还相信，如果我放弃了自己的立场，开始朝中心走去，我也将看到自己的妻子迈出同样的步伐。通常我会离开自己的立场，但如果没看到妻子那边有同样的举动，我就会跑回自己的狐狸洞，等待她迈出第一步。由于连对方如何开车、去超市走哪条路线的小事，我们都没法形成一致意见，因此，我们有充分的机会来练习达成共识，但真正实现百分之百双赢结局的，只有屈指可数的几次。一般而言，我们会做出充分的让步，但这并不会真正令人满意——这通常是因为我更在意的是让自己是对的，而不是达成真正的共识。因此，我虽然有狂热的动力，想要实现完全共识，但往往是一头撞到了自己的墙上——那堵防卫和不安全感的墙壁！

然后我注意到有一个领域，在那里，我们从来不会受任何重大矛盾的拖累，这就是孩子们。我们在孩子的引导、管教、健康和教育等各方面的方式虽然不尽相同，却是完全兼容的，而且我们欣赏彼此养育子女的态度。同时，每当要处理一个或两个孩子的棘手问题时，我们俩都是心照不宣的，我们的回应总是契合一致的。每当我们当中的某一个出于愤怒做出反应时，我们能够稍后讨论这种行为，并迅速承认自己的错误。养育子女是我们婚姻中最和谐的方面。最初，我认为原因在于，坚持自己是对的远没有子女的幸福安康重要，但在后面的篇幅中，我会进一步说明，真正的原因是我们将意见一致作为共同的优先选项，不过现在，先让我们看看以下议题……

◎坚持自己是对的

如果你需要自己是对的，胜过你达成一致的渴望，那么坚持自己是对的到底给你带来了什么？快乐？完满？内心的宁静？根据我的体验，在我最重要的关系中，坚持自己是对的，仅仅带来了短暂的满足感，以及同样短暂的轻松感，还有奇怪的内疚感——为了坚持自己是对的，我不惜伤害他人的感情。

另外，就算你当真是对的，为什么还需要如此猛烈地捍卫呢？当然，你立场的正确性是不言而喻的。它难道不能无须辩护便自己成立吗？我仔细审视这两个问题，得出了结论：自以为是其实与指鹿为马并没什么两样；可以说，自以为是就是信念的盔甲。

如果更深入地看，我会看到信念也是一种防卫。我问自己，这种信念可能保护的是什么，抵御的又是什么？直觉上感到的实际情况是：信念随时准备保护小我，抵御真相。在我的经验中，我经常感到有必要捍卫我的信念，但从来不曾捍卫或保护过真相。

莫非所有的争论，以及几乎所有的分歧，都只是小我战场上打响的遭遇战？有充分的证据表明：当人们觉得争论和分歧都是针对自己时，他们会加剧分离的痛苦体验；而当问题没那么个人化时，双方会更加和谐，联结感会更强。

◎你偏好什么?

我们再次谈到**偏好**这个话题。如果你卷入争议中,而且将对方视为敌人,你便深陷在防卫中不能自拔。如果有防卫,你就不舒服,而不适感是一道门,能让你穿越防卫,到达更大的和谐,甚至更高的境地。一旦摆脱了个人的防卫,你便能明白自己的偏好。

你的偏好反映了你的本质天性,以及天性想要的体验。你的天性可能是当探索家、冒险家、哲学家、老师、科学家、运动员、艺术家、冥想者、演员、喜剧家,或者以上的任意组合,而偏好就是表达这种天性的渴望。你的偏好可能看似是一种需求,但我体验到,偏好更是一种纯粹的**渴望**,由心而发的冲动。我跟随这股冲动,体验到生命的顺畅流动,我的所言所行都毫不费力。即使面临着明显的障碍,我并没有看到对手或阻碍。相反,障碍只是一个信号,告诉我们这是坐下等待的时间,我们可以欣赏面前逐渐展现的一切。

偏好的议题带来一种可能性:关系中可以有新的范式——每人拥有自己的船是必须的。有的时候,无法达成一致,共识是不可能的,而这也没什么不好。你的偏好会带你去一个方向,而你伴侣的偏好会带他们去往另一个方向。这未必意味着关系就此结束,而是表明在这个时候,每个人都可以有各自独特的体验。常常,两人会在未来某个时点会和,有时只是几天,甚至是几小时之后就相会了。他们分开的时间有多长无关紧要,因为他们从来没有真正分开过。

我听到这些，就像天方夜谭一样。听起来很棒，但想在普通关系中实现，好像是纯粹的幻想。

我完全赞同。

对于普通的关系，目前这确实是纯粹的幻想。但对两个情绪成年人来说，他们陶醉在关系中，这就是他们的体验——两个个体共享爱的联结，而同时又享受他们独特的天赋和根本的特质。正如纪伯伦在《先知》中所描述的那样，站在一起，但又分立。让宇宙之风在他们之间吹拂，他们一直心连着心，又给予了彼此能赠予亲密伴侣的最大礼物：自由。

那么，我们这些情绪还没成年的人该怎么做，才能有这样的自由呢？

走过程，很多很多的过程。并不是说你应该去走过程；只是在你能记起来时，可以这样做。把觉知带入你在分歧中的立场，认出你的不快乐。接受你不快乐的感觉，不去理会任何要改变、修补、压抑或否认这种感觉的欲望。觉察到不快乐是一种振动，并放松进入振动的中心。过程会带你去它想带你去的地方，前提是你得敞开自己，愿意不断地走得更深，越来越深。

我引入两条船的想法，是为了让我们更多地觉察到生活中的盲点。一

条船很容易变成监狱，两口子更多时间是用拳头猛捶狱墙，而不是摇摇头
对彼此说："嘿，可能你并不是问题所在！"

当你感到似乎自己与对方困在一起时，就很难看到这点，唯一能够逃
离的机会就是把船锯成两半。这会让你们两人分别沉没，你们便孤注一掷，
想在沉下淹死前造好一艘新船。

好吧，就算我同意你说的，我跟伴侣在一条船上过了多年后，
决定每人要有一艘自己的船。我们打哪儿去找那第二艘船呢？

有些人一早醒来，发现船就在那里了。对于其他人，随着他们一步步
成长并成为情绪成年人，船是逐渐显现的。不同的人，不同的体验；但终
有一天，你会发现你单独一人站在自己的船上，满心欢喜地朝你的伴侣挥
手——对方与你只有短短的一水之隔。你明白你的伴侣不是你快乐的来源，
在这份清晰的了悟中，所有权的束缚开始消融。你变得不大愿意操纵伴侣，
让对方满足你对重要性和归属感的需求，而且你们变得更加关注并支持彼
此的偏好。没有了粘连那令人窒息的束缚，你会发现自己向往一种自由感，
你希望自己和伴侣都有的自由感。当伴侣选择跟随自己的偏好时，你会真
正地支持对方，哪怕这意味着他们会离开你单独航行，选择跟随自己的偏
好去他们想去的任何地方——而且无论离开多久，你都支持。

你说的"粘连"是什么意思?

粘连是两人之间人为的结合,其基础是对归属感和重要性的互相需求。最开始,谈论*我的*女朋友(或男朋友),*我的*未婚妻(或未婚夫),或*我的*老婆(或老公),感觉很美妙。你们让彼此觉得自己是特殊的,都活在恋爱的天堂中。特殊性的感觉太棒了,你想永久保持住——你专属的特殊性。因此你紧紧抓住了某个人。

"你是我的,完全属于*我*。"你说道。

既然现在对方是你的了,他们就得遵守一定的规矩,随时都得让你感到特殊才行。你会更加密切地设法控制他们的言行,他们能去哪里,能做什么,都要你说了算。

"你当然可以出去了,宝贝!去吧,好好玩!只是要记住你是*我的*,你的行为必须符合*我的*规矩。"

所以,即使你的伴侣出门在外,他们还是要表现得好像你就站他们身边,看着他们的一言一行一般。

在粘连的关系中,夫妇往往给彼此套上了太多的限制,对方的行为沦为某些可预测的模式,关系中所有的自发性、创造性或惊喜,都几乎丧失殆尽。很快,憎恶、挫折和总是老一套的无聊感会降临,这些感觉越强烈,对彼此的特殊感就越薄弱。

你描述的画面太令人郁闷了。

事实就是如此；不好也不坏。会有消解粘连的机会出现，但机会常被
当作危机——看成是某方面出了大问题的征兆——但这是因为夫妻两个人
还没有准备好，或他们接受成长机会的时间还没有到。在当前的粘连状态
下，他们甚至无法觉察出这种机会的存在。不过，一旦你跳出了催眠的恍
惚状态，并进入茧中，粘连就不是一种永久的状态。自由就变得比对特殊
感的需求更有意义。

我搞不懂……想象给我伴侣那种自由，就是有点吓人。我会
觉得自己不再那么必不可少了。我会失去在伴侣生活中的特殊地
位。此外，我就是单独一人了。

单独一个人，但没有断联。毕竟，你个人实际上就是单独的，这不是
很明显吗？当然，一开始自由可能是吓人的，你也许发现自己又跳回了之
前那条船上，想再次抓紧你的伴侣。但随着你更信任过程，你开始顺其自
然，随之而来的激动——或许有时是痛苦——会创造你和伴侣间更深的连
接，虽然连接不那么个人化了。你支持伴侣、孩子和所有重要关系中的人，
满足他们表达自己本质天赋和才能的需求，由此你便越来越敞开自己，真
正将他们视为本质。让人惊奇的是，你越能看到他们的本质，你就越不需

要紧抓他们不放。你发现自己由衷地开心，因为他们存在于这个非凡的世界中。当然，你们不在彼此身边时，你可能会思念你的伴侣和孩子，但其实这会让你更欣赏他们。

◎谁在看店？

好吧，我懂了个大概，但我还不肯定，我能不能信任一切会自然发生。我是说，我觉得除了走过程外，自己还想做点什么，或练习些什么，好加把油。

管好你自己的事。

什么？我没有⋯⋯抱歉。我不知道我干涉了你的——

不是的，我说的是你在关系中管好你自己的事，可能这就是加把油了。让你的伴侣也管好他（她）的事。想象一下，你拥有一家店铺，隔壁还有一家，你总是跑到另一家店里看他们是怎么管理的。这样，你一天中照看自己业务的时间就只有百分之五十了——这种经商方式效率很低。同理，在亲密关系中，一个人可能花大量时间在配偶身上，心思都放在对方的事中，而这些事其实跟自己毫无关系。

但如果我的爱人为某事难过，这就是我的事，不是吗？尤其是这难过与我说的话或做的事有关系的时候。

你的伴侣怎么做、怎么感受那是你伴侣自己的事。你对伴侣的感受和反应，才是你自己的事。在你面前，你伴侣显现出什么样子是你的事，因为这反映出了你的内在体验；但你无法触及对方的内在，无法在那里做出一系列的调整，好让自己好受些。随他（她）去吧，管好你自己。

这听起来好自私啊。

其实正好相反。我不是说，如果你的伴侣受伤了或身处困境你不去安慰。我说的是，不要为了让你自己好受些去安慰伴侣，而是留意你自己的内疚、焦虑或不适感，同时也帮助你的伴侣这么做。如果你的伴侣看似难过，而这似乎让你觉得内疚，在你回应伴侣的行为之前或当时，照料好你的内疚感。你的过程是你的事，关心并支持你的伴侣是你的事，你伴侣的感受是他（她）自己的事。

如果我的伴侣想开始管我的事，该怎么办？

这值得再重复说明一次，你伴侣做什么是你伴侣的事，你对伴侣如何反应是你自己的事。你要么接受，要么排斥，但这才是你的事，与他人无关。

会不会有这样一些关系，比如约翰想要玛丽管他的事，因为这样能证明玛丽对约翰很上心？

没错，有很多关系都是这样的，在粘连中蹒跚而行。很多人想要伴侣来拯救自己、怜悯自己、为自己吃醋、给自己建议、佩服自己。诸如此类，都是人性使然。随着你日益成熟，粘连的倾向消散，自我区分增多。

"自我区分"是……

简单地说，自我区分是当个人留在自己船上的同时，仍然与伴侣分享共同旅程的过程。每个人都给予对方追随自身偏好的自由，而且在两个人偏好相同时陪伴彼此。

如果我爱人不喜欢走过程、成长或接纳，或任何这些玩意儿，该怎么办？我懂了，我懂了！这不是我的事，对吧？

无法自拔地想着你的伴侣，是在同时自找苦吃和逃避痛苦——了解这点对你会很有帮助。

什么？我怎么会在受苦的同时又逃避痛苦呢？

一般而言，你满脑子都想着伴侣的事时，你是很难受的，但你太沉浸在故事和情绪的纠缠中，就认不出自己的不快乐了。

在我听来，这还是挺自私的，只关心自己的体验，不管我伴侣的感受。

关心伴侣的感受与时刻惦记着伴侣的感受，这两者有巨大的区别。时刻惦记往往导致怜悯，然后又让你陷入了拯救者的强迫症中。不知不觉地，你就一直挣扎着，想穿越另一个受害者故事的章节。这没有错，这只会让你觉得厌烦，最终觉得没有必要。在关系中进行探索，体验两条船，有助于缓和从粘连到自我区分的过渡——并最终获得自由，体验到无拘无束的关系。

第八章
Chapter 8

听，听……倾听

原则 #8：
与伴侣的沟通反映了情绪成熟度和意识状态。

我曾是个理想化的关系咨询师，认为打造完美的关系需要两个人都非
常努力、认真、负责，日复一日，专心致志地投入令人望而生畏的任务中——
把他们的关系转变成所谓的**真正的伴侣关系**。这项任务涉及疗愈两人所有
的潜意识伤害，为自己的感觉全面负责，愿意不断冒险，并练习真诚、有
效的沟通。我醒来的那天意识到，每个人的关系已然有了完美的设计，真
正的伴侣关系的准则，虽然是我一贯拥护并竭力遵守的，却揭示了折磨人
的"应该"正在幕后运转。

我之前说过，实现百分之三百的关系有一种沟通标准，要求百分之百
的诚实、百分之百的负责，还有百分之百认错的意愿。我从没有达到这样
的标准，每当我在重要关系中产生什么冲突，这个标准就会悄悄地折磨我。
想想看，我们的大量沟通都是为了满足对重要性和归属感（以及安全感和
力量）的需求，要达到百分之三百的标准，便需要忽视我对至高重要性和
无可替代的归属感的需求，或想办法让这些需求消失。

随着你放下不断操纵他人的企图，更向往去体验你真正是什么，你便
开始看到，沟通是帮你实现这个目的的好工具。看得越清楚，越能更好地

理解沟通到底是什么——同时也破除关于沟通的一些挥之不去的迷思，因为这让我们盲目，无法看见更大的潜力。

首先，沟通不仅仅是话语的交流。事实上，话语经常是最不重要的方面，当然书面通信例外。如果你和伴侣两人身处同一空间，肢体语言是最重要的，其次是次语言（语气、声调，或其他的音效），最后才是话语。公认的比例是：肢体语言（58%），次语言（35%），话语（7%）。

有一次我在一座中国城市的餐馆中。老板是个美国男人，老板娘是他的中国夫人。某一刻，老板把我带到一边，让我参观露台，并开始向我谈他的婚姻。他们刚结婚时，他一点中文也不会，他老婆也不太懂英文。五年过去了，他们还是不能用对方的语言来交流。

在露台的谈话进展到某个点时，他向我透露他的老婆想离婚，并详详细细地描述了她想离婚的理由。在他对我讲述的整个过程中，我都不断思考，*你到底是怎么知道她想离婚的啊？也许她想要一辆新车或一件首饰吧！你们俩人都听不懂对方在说什么！*

这是个很棒的例子，向我说明了在关系沟通中，不太需要实际的话语。他们俩都成了专家，很会阅读彼此的肢体语言和次语言。或许次语言都不是必要的，因为众所周知，肢体语言胜过千言万语。

这引出了另一点，就是伴侣之间总是在沟通着的。因为有极化的趋势存在，你可能发现关系中的一方很爱说话，另一方却寡言少语。吵架时，一方可能大嚷大叫，另一方却完全沉默——但**肢体语言从没闭嘴过**。随便问一个结婚多年的人，他们都能告诉你，根据伴侣表达的沉默的类型，他们就能看出对方的感受。一画抵万语——一个人的面部表情（或一根手指头的举起）就像一幅画那样。

关于沟通的第三点是：冲突时的大部分口角都是由误解构成的。这是因为我们往往通过防卫系统的过滤器来讲话，我们的防卫系统是一种防卫/控制/操纵/安全的机制，很快我就会详细描述这个系统。

第四点就是，沟通本身并不能解决任何问题。当你听到有人建议我们"彻底谈明白"时，他们指的往往是双方一直发泄，直到他们讲不动了为止，然后进入暂时的停战期。

最后，经常被忽略的一个要点是：倾听，而非听而不闻，是沟通最重要的方面。如果你从防卫的墙后去听你伴侣的信息，你也会从墙后来回应。从这个立场出发，怎么会产生理解呢？倾听能帮你用心来听。

◎ **表达的圆圈**

想象图 8.1 中的空白代表了真正的你。它象征着那超越时空的，一个无形的、无法定义的力量或临在，无始无终。它被称为道，那妙不可言的、无条件的爱的力量和临在，宇宙、无限的力量、智力、智慧和创造力，还有其他许多名字。这是移动万物的力量，但自身纹丝不动。这是从未被创造出的创造性力量，那无因之因……这就是你，也许这页纸是白色的，很明显你并不拥有任何色彩。所以，让我们来看看你。

图 8.1

　　在你无限的力量、智慧和爱中，你仅仅通过想象，便创造出了一种体验。这是不可能的体验，因为这种体验存在于时空的维度，而你没有维度，也不存在于时空中。不过，因为你无所不能，你创造出了虚拟现实，事物便能存在于分离中，你也能体验到分离，似乎这是真的一般。所以一开始你创造了量子场，这像是无限和有限间的桥梁，万事万物正是从量子场中显现的。

图 8.2

　　然后，你创造了你，一个人，生活在宇宙中，各种分离的事物和生命也在宇宙中。你设法让自己进入了催眠的恍惚状态，你忘了你真正是什么，因此变成了你。你是一个美丽的本质，充满了数不尽的潜力、天赋和才华，随时准备通过你的肉体——这个设计独特的载体，来表达。只要看一看任何新生儿，你就会看到纯粹的美和似乎无限的潜力呼之欲出。

图8.3

迟早，那个本质的你（患失忆症的真正的**你**）开始认同于你的载体——那个微小脆弱的身体——自我概念便孕育发展。你越来越认识到身体的脆弱和局限，并逐渐完全相信身体和心智就是真正的你。有些心理学领域把这个称为小我——身体认同（"认同"这个词意味着制造身份，或自我）。你所有关于自身、他人、生命、"神"和世界的信念，都是你自我概念的衍生。

信念

本质

脆弱层

图8.4

　　现在，你把自己看作脆弱、微小的存在，生活在巨大的世界中，你开始感受到了所有与脆弱、局限相关的人类感觉，因此另一个人类的特性开始在你之内成长：保护自身的需要。重要的是别让他人看到你的脆弱，否则——你的恐惧告诫你——你会受到攻击，很可能死掉！所以你必须隐藏自己的脆弱，但脆弱中还有你对重要性和归属感的需求。因此，你必须创建一套系统，能够（1）保护你免于眉睫之害；（2）帮你满足需求，而又尽量不显露需求的脆弱性；（3）帮你控制你的环境，以避免不适感；（4）保护你的安全和安心不受未来的威胁。

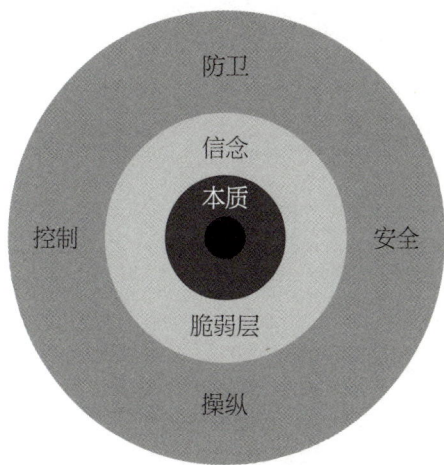

图8.5

为了确保一种归属感，我们大部分人都会在自己的防卫机制周边打造掩饰真相的门面——我们把它称作面子。这是外表、行为和言谈举止的综合，可以创造出某个特定形象，让我们能顺畅航行。有些面子很严肃，有些则很快活；有些令人生畏，有些则似乎温和无害。每个面子的设计都是独特的，而意图却是一模一样的——让一个人控制和操纵他人，同时藏好自己真正的脆弱性。除非你受到了严重伤害或表达了你本质的某些方面，否则外在世界很少能看穿你的面子。

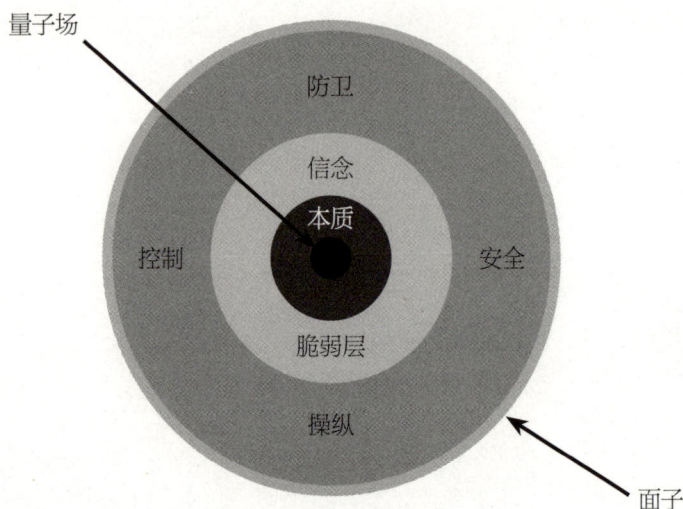

图8.6

在你这么大费周章地保护自己，免遭人身危险之后，你会做什么？你开始去寻找一段亲密关系！你做的这件事是唯一会威胁到你的——它能穿透你的防卫，触碰到你最软弱的地方！记住，是你自认脆弱的信念蒙蔽了你，让你无法看到你是什么的真相。坦诚地面对这份脆弱会帮你驱散那些信念，让你真正看到。问题是，你的防卫行为如此根深蒂固，已成为习惯性的、强迫性的模式，你最终将模式认同为真正的你。任何情感上很重要的关系，都会挑战那整个系统。

你猜怎么着？你的伴侣也在做同样的事情！你们两人都处于遗忘的恍惚状态，认为你就是你，那个身体／心智／情绪综合而成的身份，对重

要性和归属感有一种执迷的需求。所以你们两人在关系中花了大量时间来
（1）保护自己免受伤害；（2）控制对方让自己觉得舒适；（3）操纵彼此，
让对方满足自己对特殊感的需求。

多数关系咨询中用于沟通的方法，目的都是帮你放下防卫，承认自己
的脆弱，这样你和伴侣对两人共有的人性产生同感，在爱和接纳中变得更
加亲近。这可能是美妙的亲密体验，能帮你触及对方的本质。在我的另一
本书《亲密关系：通往灵魂的桥梁》中，我列出了通向结合点的沟通步骤。

◎ 基于真相的沟通

自从写了《亲密关系：通往灵魂的桥梁》后，我逐渐觉得沟通是个很
好的工具，能帮助我从以往的恍惚中醒来，不断增强对我真正是什么的接
纳、觉知和欣赏。现在，我进行基于真相的沟通，不再是为了更靠近我的
妻子，也不再是为了让她更深地理解我——虽然这些是副产品，或者说是
锦上添花。相反地，让沟通带我看见真相，是这种互动的灵感之源。

这类沟通以两个焦点开始：（1）留意你是出自哪里讲话和倾听的；
（2）自觉地改变你的措辞来反映意识。

因为沟通可以出于面子、防卫系统、脆弱性、本质，或量子场及更高
层面（图 8.6），停下来并留意你表达的是什么并不难，看看驱动表达的是
强迫、痴迷、执迷或上瘾的人格，是脆弱性的柔和，是本质的安宁美丽，
还是超越人类的寂静的力量和临在。留意你是出自哪里讲话和倾听的，能

让你在必要时，给出圆满的回应。你可以中断无意识、强迫性的模式，并看透自己的防卫。你可以拥抱并接受你的脆弱，并自然过渡到过程中。你可以享受本质的流动，你也可以惊奇地凝视着看似虚空的非我，那里只有你，这一切始于停下来去留意。

没必要刻意调整你的语言，来反映你的情绪成熟度或意识，但似乎很多人都喜欢这么做。你可能注意到，这本书中从头到尾我常用的字眼有"似乎"和"看来"，我最开始用这些字眼是我跳出恍惚状态时，因为我开始理解，事情很少是它们看上去的那样。痛不是一个坏感觉；只是在我们无意识时，看上去是那样的。你以为伤害你的人似乎是你不舒服的起因，但他们其实是跟你站在同一边的！一张咖啡桌似乎是存在着的，可是，科学家们越深入地探索现实的构造机制，就越发现那里其实根本什么都没有！生活中似乎有些问题，但你越多地以接纳、觉知和欣赏去面对，你就越能看到其实本来没什么可担忧的。所以我有意地在沟通中带入这些字眼，来支持自己去体验接纳、觉知和欣赏。

还有其他一些例子：我有意应用一些字眼，来支持觉醒体验。

当我妻子说了什么，我以为她在刺激我时，我会自言自语："她是我电影中的演员，她不得不说那些话，因为剧本就是这么写的！"这有助于我接受她的行为，不带任何评判，同时让我关注自己的感觉而非她的行为，随之而来的就是过程。

当失望出现时，我会说（一开始时咬牙切齿地）："我真的很欣赏所发生的，这给了我一个面对并接受不舒服的机会。"说的时候，我并没有感受到欣赏的敬畏、爱和感恩，但我认出了机会，而不带排斥地认可，便给我打开了通向欣赏的大门。

当我的肾结石发作时，我会说："天哪！疼痛似乎如此逼真，但它实际上是纯粹的平和与喜悦乔装而成的。"

这与用正面肯定语或咒语来和自己的感觉解离或否定自己的不舒服，有什么区别呢？

因为我想做的与否定和解离正好相反。我更愿意面对自己的脆弱，按我的感知如实接受脆弱，这样我能体验到脆弱的真相，体验到它真正是什么。现在，我在例子中写的语句可能听起来不切实际——没人是这么讲话的——但当你刚开始调整表达念头的语言时，必定会觉得别扭，还有点造作。停下来对自己说："我这样反应，肯定是我感到了不配得、被遗弃或心碎。"这似乎有些不同寻常，但你可能发现自己越来越想打断自己的行为模式和习惯，以邀请更多的接纳、觉知和欣赏。很多开始为自己编织觉醒的茧的人，看来就是这么做的。

回到基于真相的沟通上，在跟伴侣讲话的同时调整你的用语似乎显得更别扭，但一旦你认识到你的防卫／控制／安全／操纵机制如此精密复杂，令人吃惊，你就会更清楚地看到调整措辞的重要性了。

◎有史以来最佳的历险片！

想象一下，你拥有一颗无价钻石，需要好好保管，提防盗贼。你把它放在城堡中的一个房间的正中央，还在四处设置了防御设施、陷阱、雷区、架着机枪的高墙，以及其他的毁灭性或误导装置。接下来，想象一下，一旦防御城堡建好了，你站在高高矗立的墙外，赞美自己的创造，并且知道你是唯一一个拥有地图、能引导自己回到那颗珍贵钻石旁边的人。过了几天，你感到了强烈的渴望，想回去看看那美丽的宝石。你抽出地图……一阵风起，地图从手中卷走，被吹得很远很远……尽管你惊魂未定，但还是下定决心要看到你最珍贵的财产，你想方设法回到钻石那儿。你认为你能走多远？进去只走了几步，报警声响起。你会面临子弹、炸弹、窒息性毒气、地雷、带刺铁丝网、高墙、沸油、激光束，还有人类所知的其他任何一种武器，从喷嚏粉到核导弹，无所不包！此外，还有迷宫般的镜子，有巨大杂音让你没法清醒思考，有十来间屋子，中央都摆着你的珍宝的完美复制品，就算你冲破了所有的防御关卡，你还是不能肯定拿到的宝石是真的。

上面的比喻是一个例子，说明了你建造的防卫系统如此精密复杂，以确保你基本上没可能回忆起你真正是什么。它的设计如此完美，如果一个国家拥有这么一个精密的系统，那么任何外敌都将无法攻破它。通常人们认为建造这个防卫系统是为了保护你免受脆弱的伤害，但这只是系统整体功能的一部分；它的整体就是为了蒙蔽你，让你无法觉察你的本质并超越本质。

当你的伴侣似乎在做让你抓狂的事时——让你生气或焦虑——这就是你防卫系统的警笛和钟声响起了，而你都还没发觉绊到了报警器。为什么？因为你设计系统时，就是让它无意识运作的。你把系统安装就位，然后扔掉了地图和所有关掉系统的密码！

想一下家庭报警系统。你要出去度假三周，走前设置好了报警系统。你不在家时，一个盗贼闯入，触动了报警器，引来了警察，逮住了这家伙。这一切发生的时候，你正坐在沙滩上，啜饮着凤梨朗姆酒，毫不知情，快乐无比。同样，当你抓狂时，你的内在警报系统响起了，你转向被动或攻击性的防守反应，而你却在某个心理的沙滩上，不愿意参与这场不舒服的冲突。你的沟通可能是批评、指责、义愤填膺、甜言蜜语、找合理解释、抱怨、暴怒，或抚慰，但无论如何反应，都是**无意识**的。只要你发觉有人袭击你的脆弱，你便会拼命抵抗——

要点是：你的整个防卫系统就是由无意识的排斥建成的。中断系统模式，你就能敞开迎接另一种可能——**有意识的接纳**。

停下来，调整措辞能让你马上觉察到内在活动，关掉报警器，并开始拆卸系统。"我了解了，你一直说的话都在帮我看到：我觉得自己是多么不配得。"——这么一句简单的话，能马上停止权力争斗，**邀请过程**或欣赏进入当下的情境。

抱歉，但这听起来不太现实。我就是没法想象我正跟伴侣吵

着架呢，突然就能冒出这么一句话。我是说，你马上就能做到吗？

不是的，事实上，很长时间都做不到。我最开始是冲着自己说的——
而且还是在我撤了出来，让自己安静地暂停之后。

我还以为撤出是种权力争斗的形式呢。

也许是，但我觉得我必须暂停，好冷静下来内观。再次说明，撤出，
甚至权力争斗本身，都没什么错，这是人性。撤出能让你脱离权力争斗，
并邀请过程发生，因此能帮你记起你并非人——你就是你，正在经历人的
体验。

此外，当我说我退开一步脱离争吵时，我并没有脱离我的伴侣。我正
在卸下对故事的执着，这样我就能成长——

知道了，知道了……这样你就可以在欣赏、觉知和接纳中成
长啦。

正确！所以最开始，我确实是撤出了，自言自语一小会儿，调整我的
措辞，支持那种成长。走完过程后，我会回去接着沟通，但我不会像以前
那样，带着更强大的防御回去。过去，我撤退是为了整理自己的论点，回

顾一下我说了什么，还有什么是**应该**说又没说的；然后我重返战场时，比之前离开时，更加戒备森严、大义凛然。

随着时间的推移，我会保持沟通，同时又与自己的故事和立场脱钩了。我开始在自己讲话和倾听妻子的同时，调整自己的措辞，感觉墙壁融化消失，因为我了解到，她说的一切都是在帮助我放松和接受。

有没有变得容易些？

变得更简单、更流畅，如果你是这个意思的话。当然了，我们关系中的争吵次数逐渐减少，只有偶尔短暂的发作，而且亲近感增强了，但这两者都不是练习**有效**沟通，甚至**激进**的沟通的结果。你的各种关系总是反映了你情绪成熟的阶段，而从来都不是情绪成熟的原因。当你是橡果时，你的关系反映出的就是橡果，无论发生了什么，都是符合橡果的天性的。当你成为幼苗时，关系反映出的就是幼苗。同理，当你从幼苗长成植物、树苗、小树，最终到参天老橡树，也是如此。

所以，如果这是一个自然进程或成熟过程，我为什么还要练习呢？为什么我得调整措辞呢？你说了，反正我也控制不了自己的人生，一切都是根据设计发生的。

在你跟伴侣沟通时，你是否迫切感到，要调整你的心理措辞和说出来的语言？

嗯，是的，如果我记得去做的话。

你能让自己记得吗？

不能，记得似乎……我不知道……就是那么发生的！

很神奇，对不对？你正为很重要的事争执不休，比如什么是恰当的靠边停车的方式，或鳄梨要熟到什么程度才能吃。突然间，什么蹦到了你的脑中？蹦入了一个提醒，让你停下、放松，说更能清晰指向真相的话。你会迫切感到要调整你的沟通，哪怕调那么一点，好引入接纳、觉知和欣赏。

所以，如果我能记得，我可以选择去调整措辞，好指引自己走向真相，对吗？

嗯，如果你愿意，也可以说你选择这么做。我不肯定个人化的自我在生活中能有多少选择，不过一般看起来，我们的言行是来自个人选择的。所以，也行，你现在就把它称作你的选择吧，到你有其他体验的时候为止。

　　总结一下，练习基于真相的沟通没有规则可循——没有"应该"让你保持正轨。无论你是否卷入了冲突中，一旦你记得留意，你是从哪个点出发来讲话和倾听的，你就能调整你的措辞和沟通模式，好指引自己走向过程、欣赏或超越其上的东西。一开始可能你听来觉得奇怪，你只是在打通穿越你无意识防卫的路径，这样你便能面对让你无法看清自己真相的脆弱与核心信念。

　　真相就在你面前，也环绕着你。你一直都在撞见真相，但你的自我概念和信念铸造了一片黑暗，你还没能穿透。基于真相的沟通引入了有意识的觉知，让光明照进虚幻的黑暗，向你展示，你一直所撞见的，就是你以为你必须苦苦搜索并奋斗争取的。你以为那妙不可言的感觉正躲着你，但事实正好相反。

　　那么，我们是不是过一下，实现基于真相的沟通，都有哪些步骤，或公式，或不管你叫什么都行？

基于真相的沟通有些基本原则，不是步骤或公式。这些原则可以在如下问题中体验到：

- 我的讲话和聆听是出自我的防卫机制吗？打造这个机制是为了保护和否认我的脆弱，最终旨在维持"灵性"失忆的恍惚状态。
- 我的沟通是否出自我要坚持自己是对的这个个人需求？

- 我是否在控制伴侣，以避免不舒服；我是否感到不安全；我是否在尝试操纵伴侣，好满足我对重要性的需求？

- 我理解伴侣的沟通吗？我是否愿意反馈我听到了什么，还有我是如何理解的？

- 我是否能有意识地使用词汇和讲话模式——这些旨在指引我认出真相（要么引导进入过程，要么自发地体验到接纳、觉知和欣赏）？

信任你的创造力和直觉，虽然有一小会儿似乎很别扭，但今后这将支持你，让你有出奇美妙、难以言喻、超越想象的体验。

你能给我举个例子吗，在真实的生活情境中，这看上去像什么样子？

好，让我们回到约翰和玛丽的互动中。约翰忘了玛丽的吩咐，没有捎回鸡蛋。

"你买鸡蛋了吗？"约翰刚进门，玛丽就问起了。

"哎呀！"约翰拍拍脑门，"我给忘了。该死！"

玛丽白了白眼。"约翰，我就让你干一件事！你怎么能忘了呢？"

"不是的，"约翰笑着，想缓和一下气氛，"你让我干**两件**事呢。"

"就一件！我让你去市场买鸡蛋。"

"看见没有？去市场，还有买鸡蛋，两件事。你知道我一次只能记住一件事的。"

"这一点都不好笑，约翰。我答应了孩子们明天早上做薄饼的。"

"好了，好了，"约翰说道，察觉出泄气感悄悄地钻入了自己的语气中。他提醒自己，玛丽在帮他不断增强"他真正是谁"的觉知，虽然他个人并不太喜欢她的做法，"我现在就出去买。"

"算了，晚饭马上就好了。我晚点再出去买吧。反正你也很可能买错。"

"我很抱歉，玛丽。我想我对你的反应觉得内疚，所以内心有防备。"

"好啊，你还想让我怎么反应？"玛丽说着，提高了嗓门，"你总是忘了我交代你的事。要不就一直拖着，跟我讲你会晚点做。"她开始摆桌子，餐具叮当作响。

"还有，你总是给我找事干，然后说我做错了！"约翰回击，然后意识到他是从防卫系统出发来讲话的。

"嘘！孩子会听到的。我们讲好了别在他们面前吵的。"

"我不想吵架。我真的觉得感到了自己内心的防备，因为我感到辜负了你。"

"哼，你听起来生气了。"玛丽说。

"我知道。很抱歉。这种感觉让我也很意外，我想我需要点时间。"

玛丽不再摆桌子，而是看着约翰，眼中带着悲伤。

"我还不知道我让你这么不开心。"她说道，热泪盈眶。

"你没有，玛丽。只是我本来心情很好的，然后回了家，突然内在涌现了失败感。在我们谈话前我还没有感觉到。"他把手放在自己的胃部。

"也许我应该离开一阵子，给你自己单独待的时间。"

"说真的，玛丽，这跟你一点关系都没有。我其实很欣赏你帮我觉察到了这点——这真是一种古老而熟悉的感觉。从我能记事起，我总是觉得自己不够好。我知道这不是真的，这只是一个信念，但它太逼真了。"

约翰一边说话，一边更加关注内在无价值的感觉，体会感觉的能量，并让自己放松进入能量中心。

"又来了！"玛丽白了白眼。约翰停下了过程，又回到了防备中。

"我只是在告诉你我的感受，玛丽。"

"你是说，你只是在当胆小鬼吧！"

"嘿！"约翰现在处于全面戒备状态，他及时停下，没让反击的话脱口而出，并再次提醒自己，玛丽只是在做她分内的工作，支持他去面对关于自己是脆弱的这一幻象。"你是对的，我确实认为自己是个胆小鬼。"

突然间，约翰觉得很悲伤。他闭上眼睛，坠入了悲伤的云雾中，悲伤似乎就在胸口。他暗自思忖，这种感觉不是看上去的那样；它其实是真正的快乐乔装而成的。他进一步放松，如实接受了这种感觉，一种中立性再次渗入觉知。这种感觉不好也不坏，被视为一种能量；他突然感到了存在的轻盈感。时间似乎慢了下来，虽然内在有愉快、喜悦的感觉，但觉知增长，超越了感觉。

他只是*存在着*。他睁开眼，看向玛丽，玛丽现在看上去也没那么难过了。他没有微笑，但确实感觉与她更亲近了。两个孩子进了厨房，各选了一位家长，走上前来拥抱。他抱起女孩说："来啊，小乖乖！如果你明天早餐想吃薄饼，你就得帮我买鸡蛋！"

这很有趣，但并不太顺利，是吧？约翰反反复复好几次，玛丽的表现似乎与你之前的例子也没多大差别。

好，我想阐明的是，当你步入情绪成年时，你的防卫系统还是会完成本职工作。随着你面对并深入自己的脆弱，这个系统会设法把你拉回"安全"中，因为系统的程序设定将你的脆弱视为危险。因此有时候，当你努力想走过程时，系统会干扰你——把你拽回故事里，带入其他的念头、疑惑、批评，这只是系统众多伎俩中的几个例子。

其次，我尽量保持玛丽的话语原封不动，这是为了说明，你的有意识沟通并不取决于你伴侣的沟通。虽然她大部分时候都只表达了自己的愤怒和失望，约翰接受了她的行为，认出这是在帮他面对自己。

好吧，我猜我跟伴侣这么尝试的时候，可以预期很多这样的

事发生——上下起伏，犯错误又纠正，专注又分神……

是人就有人性，谈到这点，我对"错误"这个词没有同感。情绪成年的动力该做什么，就会那么做；防卫系统该做什么，就会那么做；脆弱是什么，就会是什么。一切都依据设计运转，而设计是完美的。生气、吵架、指责、防卫都没有错。这是人性。你越多地接受自己的人性，你就会越多体验到你是那个无与伦比的存在，而且一直如此。

还有一个问题：你是情绪的成年人吗？

老实告诉你，我也不知道，但我有那么点直觉，感觉自己更多是个情绪的青少年。回首往事，我离开家，远离家人朋友，虽然身体已经成年，但情绪上我只有八岁，可能更小。痛苦和不快乐曾是我的敌人。我认为自己的不快乐是外在世界造成的，对此的反应就是愤怒和恐惧。大部分时间，我都相信，我不快乐是由我的亲密关系和亲近的友谊造成的，或是因为我缺乏亲密关系造成的。当我对自己和我的脆弱更加同情或慈悲时，我情绪上就会成长一些，但其实我还是很小孩子气。

在某一时刻，我在感觉的领域从小孩转变为青少年。这个阶段与我跳出恍惚状态正好吻合，我站在两个世界间，一个是儿童的世界，一个是情绪成年人的世界。我内心知道，我的妻子和孩子不是我爱和快乐的来源。

通过直面这些信念，并直接体验到超越信念之上的真相，我开始初次品尝到情绪成年的滋味。我写这本书是为了协助那些开始离开或已经离开情绪孩童状态的人，也是为了协助那些已经跳出了失忆的恍惚，并逐渐熟悉这个神奇领域的人——在这个领域中，信念被作为谎言揭穿，而谎言只能存在于无意识的盲目状态中。

第九章
Chapter 9

补充材料

作者按语：第九个原则与后记有一些信息和比喻性的解释，针对的都是本书各处暗指的一个体验。虽然听起来可能抽象，但我是在用有限的语言来指向对无限的*直接而即刻*的体验。

我将本章和后记纳入本书作为补充材料，针对那些对某个意识阶段格外感兴趣的人。这个阶段被称为"觉醒"，我称其为茧的阶段，即毛毛虫不再是毛毛虫，但也还不是蝴蝶。

到目前为止，你所读到的内容如果让你觉得满意了，你没有必要再读下去，因为下一章不会在情绪成年这个方面增添新的内容。如果你想更多地了解你真正是谁，以及你真正是什么，那么热烈欢迎你接着读下去。

原则 #9：
我就是自己一直在寻找的那个人。

　　"你知道，我只是觉得如果我认识的一些求道者是彻底诚实的。嗯，他们会为这场多年来苦苦追寻的悲剧而哭泣不已……一切的努力……探求……

　　"而且他们并没有靠近他们想要的，尽管他们连自己想要什么都不知道！

　　"如此显而易见……如此简单朴素……如此活泼明显……就是这个简单的、没有棱角的、无以名状的、流光溢彩的生机……独自吟唱着，对无限的颜色、音质、色调惊叹不已……脚尖旋转舞动……无与伦比的舞蹈……因为没有别人……没有比较的对象……当大脑不再抓取没有边缘也没有把手的东西时，便有彻底的放松……"

　　　　　　　　　　　　——南希·内热卡特（Nancy Neithercut）

你就是你一直在寻找的爱和快乐。

　　当我第一次听到这句话时，我把它束之高阁，把它当作那时涌现的诸多新时代格言之一。我那时还深陷在无意识的恍惚中，所以当我首次读到这句话时，我认为句中的第一个你指的就是实际的我，克里斯多福这个人。但真相是，我并非克里斯多福。克里斯多福这个家伙在不断地寻找完满的虚幻体验，一种多要素的混合体，包括：爱、神、真理、内心的宁静，我的完美配偶、开悟，还有一堆其他的概念——都意指那个能让我永久充实、并终结我苦苦追寻的东西。我在寻找某种外在力量，这个力量能够改进、疗愈、拯救、转化我以为我是的那个人，让我成为无比快乐、永远开心的克里斯多福。

你是否曾经也处于我刚才描述的境地呢？你是否曾停下来思考，你在生命中寻找的到底是什么呢？也许你的历史，就像我们很多人的那样，是一条长长的追寻之路，一直在找某事或某人，给你求之若渴的东西。想想你所有的成就和密切关系，有没有任何一项千真万确地满足了你，让你不再有更多的需求？这是一个让我数十年都百思不得其解的奥秘；我一直在琢磨，到底是什么勾起了我对某些特定事物的渴望，比如车、房、事业、金钱、一具健康迷人的身体、认可，甚至是名气。

通常，在有了某种成就或收获后，我会有两种感觉：一种是暂时松口气的满足感，一种是空虚的失望。如果我感受到的是轻松和满足，我会好几天，甚至一两周都沉浸在这股愉快惬意的浪潮中，但最终，我会再度饥渴，我的心智会聚焦在其他的成就或收获上。如果空虚的失望笼罩了我，我会在一段时间内陷入忧郁中，直到发现了另一个可以追求的成就或收获，我才会振作起来。

我在十来岁和青年时期，追求亲密关系的情况也差不多。我不知道为什么我会瞄准一个特定的女孩，让她成为我个人的拯救者，来熄灭我对完美的爱的渴求。通常，这跟外表一点关系都没有，虽然外表难免会有点影响，不过重要的是对方的个性有趣、幽默，或人温和文雅、善解人意。

但跟这样的人在一起，到底能**给我**带来什么？我从这些关系中获得了什么，都无法持久，少年间的稚爱虽令人春心荡漾、容光焕发，但很快就会消退，难以满足的饥渴再度占了上风。我是一个无可救药、浪漫多情的人，所以爱上了一个又一个女孩，有时候成了男女朋友，有时候对方看上了其他家伙、拒绝了我。时光流逝，追女孩变成了追女人，但我对"完美配偶"的追求却从未衰老。

除了寻觅完美配偶、追求成就和收获，寻找可靠友谊外，这种难以界定的饥渴也在敦促我进行灵性的寻求，去找我以为的**真理**。我十四岁时就放弃了有拟人化的神这个想法，转而关心一些根本性的问题，比如"我是谁，我为什么在这里？""我的人生目的和使命是什么？"以及"为什么世间有这么多苦难和不公，可能的话，我如何才能避免？"

我以为真理可以通过语言来理解。我以为，我的问题真的有答案，能让我一劳永逸地彻底满足。因此，我在灵性教导、哲学和心理学中寻找答案。我采取了正面思维的态度，还采用了吸引力法则、冥想、素食等方式。我参加灵性聚会，还投身于个人成长和灵性疗愈的课程。当然了，我还接着在寻觅完美配偶！

　　我感到如此接近答案——如此之近，我能感到我的心智伸展出去，几乎要碰上答案了，但就差那么一点点——我都快疯了，充满了挫败感和绝望。雪上加霜的是，一些关系没让我觉得，对方爱的是真实的我。相反，却让我越来越察觉到，我认为自己多么不可爱。一路以来，生活都给我提供了许多信号和讯息，虽然当时我没有认出来，也不欣赏它们，但还是有一些，在我看到后很久都挥之不去。

　　"海里的鱼快要渴死了。"

——圣者卡比尔（Saint Kabir）

　　"正是快乐让你快乐。"

——马荷罗基（Maharaji）

　　"光环愚弄了你，让你认为有什么特殊的导师、道路、技巧或教导，能指引你找到真理。"

——罗恩·斯宾塞（Ron Spencer）

　　"你找不到没有藏起来的东西。"

——佚名

"你就是你一直在寻找的人。"

——佚名

然后有一天，我经历了如此强烈的启示性体验，我的寻求就在那时那地当即终止。那个体验留了下来，陪伴了我多日，我发现我以前认为从妻子和孩子那里所需的一切都变得越来越无关紧要，与此同时，我对他们的欣赏（爱 + 敬畏 + 感恩）却与日俱增。

我可以觉察到我内在有一个实体，渴求着重要性和归属感——无论正确与否，姑且将其称为"小我"。但似乎我不是从小我之内看出去的。突然间，小我在*我*之内，*我*就是我一直在寻找的人。但我找到*我*，就如同海中的鱼找到水一般，毫无两样。我就是*我*，*我*是*我*，在体验着做我，体验着作为克里斯多福的存在。克里斯多福的妻子、孩子和其他所有人、事、物都是这个暂时现象的一部分，无论你称其为幻象、虚拟现实，还是梦境。一旦做梦者从梦中醒来，我就不知道克里斯多福或其他人物角色到底会发生什么，而这也很好。

一个不那么贴切的比喻是这样的：

你在那里，是个无限的存在，具有无穷的创造力、智慧、爱、力量和喜悦，你决定去实现那不可能的（这个词是你丝毫不信的）。你决定，不要体验做一个无限的、完满无缺的存在，而是体验成为无限数量的、彼此分离的生命和事物！我是说，当你想体验分离时，你是毫无保留、绝不将就的——

你会真的把这个想法落地，大干一番！只要调查证据就行：你在这里，是个个体，正在读这本书，而书与你是分离、单独存在的。看着语句的眼睛是身体的单独部分，与大脑是分离的，而大脑本身又有大约1000亿神经元、复杂的细胞结构，这些又是由其他东西组成的，比如分子、原子、亚原子粒子、夸克、弦，诸如此类……数不清的独立部分都参与到了一个人在读书的这个单一体验中！而你是所有的那些部分。

为了让你、这妙不可言的存在，拥有极其完整的做人体验，你开始了第一阶段：

- 给自己催眠，忘了你真正是什么，还有……

- 说服你自己你就是你，具有所有的人类特性、人类信念和人类局限；现在，你与你完全相反。

- 让自己沉浸在虚幻的环境中，从而进一步强化了你的人类信念和体验，这样你就没有机会从恍惚中醒来，记起你真正是什么的真相。

- 你的大半辈子都在寻找人、事、物，以满足你内在那永无止境的人类饥渴（找钱让你觉得安全；找工作让你觉得自己很能干、很有用；谋求权威地位让你觉得很强大；采用灵性或宗教哲理，安抚自己，给自己一种正义凛然的力量感；追求朋友和家庭的联系，给你一种归属感……寻觅那个唯一真爱，让你有特殊感）。

在某个时刻（没人知道这个时刻何时降临），你步入了另一个阶段：

- 你醒了过来,通过直接体验,你发觉你不是那个自以为的心智 / 情绪 / 身体的综合存在。

  (这不是一个哲学、心理或情绪上的事件,而是对纯粹意识的直接体验)。

- 多次体验到超越信念,也超越所谓"真实世界"这个领域之上的力量和临在;体验是前后一致的,但不持续。

- 观察你的信念逐渐消逝或完全消融,体验到了真正的快乐,之前你为信念所惑,体会不到。

- 你饱含欣赏之情,赞美生命的壮丽辉煌和人类旅程的惊人设计;你欣赏你的自我催眠,并因此相信自己只是一个人;你欣赏你给自己设限,从而只能看见时间、空间和念头构成的虚拟现实,无法看得更远。

- 威廉·布莱克的著名诗句,你不仅理解,还能直接体验:

  一沙一世界
  一花一天堂
  无限盈一握
  刹那即永恒

接着就是下一个阶段。

我度过"蝴蝶阶段",那时一切恐惧消失,人处于持续的"了知"状态。因为我自己不能声称我有这样的持续体验,所以我不会进一步描述。重要的是记住:没有一个阶段比下一个更好,就像橡树的一生中,任何一个阶段,从橡果到参天老橡树,没有优劣之分。是不同,不是更好。

一个人在某一阶段会待多长时间,无从知晓,很可能在我以上的描述之外,还有更多的阶段;但是,我还从未听说有任何人是靠意志力从一个阶段进展到下一个阶段的,或以任何方式干预了自己的独特设计和剧本。事实上,任凭一个人有怎样的动力、决心,或者恐惧,对这些过渡的发生,似乎都于事无补。你所有的关系似乎都在蜕变,反映了你所处的阶段,无论是哪个阶段。有时,你伴侣的行为似乎发生了剧烈变化,我们很容易相信变化来自伴侣,但其实你只是对他 / 她刮目相看了。这一切都是在你和伴侣身上自然发生的——无论你如何竭尽全力去控制你的生命。

所以你是说,我没法控制我的关系——无论是亲密关系还是其他关系?我只是受无形细线操纵的木偶?

我不知道。我没有在自己的关系中看到任何控制的证据。我没法控制我的妻子、孩子或朋友会做什么、说什么,我甚至想,我都没法控制自己的言行。我只了解,我似乎在情绪上有成长,但我也不能说,我做了什么来推进或阻碍这份成长。所以是的,也许我是个木偶,那妙不可言的道就是操纵木偶的人，或许我也是那个道。

我的直觉和体验告诉我，关系是完美设计出来的，旨在帮我回答以下问题：

我是谁?

为什么我在这里?

我的人生是来做什么的呢?

如果你内心觉得这是真的，那么你就会领悟到，你所处的这具特定的身体，可以做你想让它做的任何事。随着意识增长，你的所作所为，不再受无意识、强迫症的左右，不再是为了满足自己的需求、证明自己的价值，或保护自身，你的行为会蜕变，反映出安宁平和的存在感。有时，你只是为了做而做，其他时候，你会听从个人偏好，而这取决于你选择成为什么样的独特人物；无论哪种，毛毛虫的习惯都会消失，因为你里面跳动着的，是一颗蝴蝶的心。

现在你可能认为你的伴侣是与你分离的单独存在，但与其考虑是什么让你们分离，也许不如思考你们的共同之处。你们两个人体内的器官有一样的功能，你们的大脑会用同样的方式产生想法，除了这些事实外，还有一个最明显的、一模一样的方面，就是感觉这个领域。你和伴侣有完全一样的感觉，愉快的、不愉快的都一样。事实上，你甚至可能开始注意到，你和伴侣在完全一样的时间，有完全一样的感觉！冲突发生时，你们两个人的根本体验一致，这点显而易见。一旦你认识到，两具不同的身体内，有一样的感觉出现，你便会觉得与伴侣更亲近些，哪怕你们的身体没有靠得更近，这就是情绪成年的滋味。我祝愿大家都能体会到。

我们从此过着快乐的生活！

And we live happily ever after!

后记

有一天，我坐在酒店房间，经历了我后来称作醒来的体验。我似乎进入了一种永久的觉知状态，我没法充分描述，但同时又神秘地意识到，没有什么真正发生过，我从始至终一直都在那样的状态里。我知道我刚才所写的听起来可能令人困惑，所以我不会再进一步描述了。相反，我会设定范围，只讲这种体验与本书的关系相关的内容。这种直接体验仍持续进行着，并深刻地转化了我的婚姻和为人父母的方式，远远超过了以往三十多年，我在关系上的所有努力和研究所带来的效果。最惊人的是，体验就这么降临到我身上，我没有费任何力气。这次醒来让我用全新的视角来看到我所有的重要关系，我理解了关系的神奇设计及其真正目的。

所以，这本书不是指南或手册，不是为了指点你改进或疗愈你人生中重要的伴侣关系，或让这种关系更加激动人心、激情澎湃。这也不是一本使用说明书，教你如何成为更好的沟通者、爱人、朋友或家长。它讲的是，你的关系是完美设计出来的，旨在帮你体验到纯粹而持久的快乐。随着这份快乐把你填得越来越满，快乐将融入你关系的方方面面。

我没有尝试着提出一种关系哲理，因为哲理只是整理好的信念集合。

醒来的一个结果就是清醒地认识到：没有一个信念是真的。在我醒来的那个刹那，我突然体验到信念是一种监狱，狱墙蒙蔽了我，让我无法洞悉真相。当围墙似乎消融时，我能看见那妙不可言的真相，超越所有信念之上。从那天起，这个启示性的觉知就从未离开过我。我知道什么是真正的快乐，而当我们以为我们可以通过成就、收获或人际互动来找到真正的快乐时，我们只是把假的东西信以为真罢了。

觉醒： 我用的"觉醒"这个词，代表的是在存在的无意识和有意识状态之间移动的过程。开始我很犹豫，是否在本书中用这样的术语，因为我赋予有意识和无意识的意义，可能与读者的定义相互矛盾。最终，我还是决定采用这些术语，并尽量加入一些注解，好提醒读者在本书中可以采纳的定义。

我经常将觉醒比作毛毛虫/蝴蝶生命周期的茧（或蛹）的阶段。正如毛毛虫的外形消融，一个新的实体——成虫——开始浮现，你信念的墙壁和结构开始崩裂，你感知到了超越信念的临在（你）。一种超越时间的当下体验越来越多，但似乎来来去去，没有规律可循。你越来越明白，信念和局限没有真正的力量。不妨说，你出于习性，还是有信念，但同时，你的信念似乎更加半透明，而且显然不是真相。在觉醒阶段，你感知到，或直接体验到，世界是个幻象、梦境、全息图，或虚拟现实。你认为信念是真的，因为你在某种催眠的恍惚中，忘了你真正是谁，并深信，你就是一个普通的人，你的价值取决于你能或不能做什么，你能或不能成为什么。你也明白，你正从恍惚中浮出水面。

当我首次进入这个阶段时，我被一种排山倒海的感觉所笼罩，我所称作的临在渗入了一切，包括我误以为是自己的这个人。之前有过几次，我体验到意识像水滴般轻轻落下，但很快消逝，信念的铜墙铁壁重新出现，只隐约留给我一种感受：之前有过了某种深刻的体验。但觉醒之时，我更持续地感受到了那妙不可言的临在，这用语言无法表达。我对小我的冲动有前后一致的（但不是持续的）觉知，我不再将其视为敌人或威胁。我可以不去掌控时间，并将过去和未来看作广义的信念系统。我可以更加超脱地观察我的念头，还可以观察我自己在观察自己！这引导我去体验过程，而过程是本书的关键要素。

正如我之前说过的，体验到从恍惚中醒来，并持续体验到接纳、觉知和欣赏，转化了我的婚姻，以及我和所有人的关系。因此，我奉上这本书，帮助那些刚刚跳出恍惚的人，还有准备这么做的人（即使他们自己可能都还不知道）。如果你书都读到这里了，很可能指的就是你啊！

"当你不再请求生命'让你快乐'时——当你感知到，至少偶尔感知到这内在的寂静时——生命就能怡然自得，一刻接一刻地，自然呈现。"

——简·弗雷泽（Jan Fraster）

"同上。"

——克里斯多福·孟

图书在版编目（CIP）数据

亲密关系：续篇：无拘无束的关系：全新修订版 / （加）克里斯多福·孟（Christopher Moon）著；吴玲译 . — 长沙：湖南文艺出版社，2021.4（2025.10重印）

书名原文：The Untethered Relationship

ISBN 978-7-5726-0094-4

Ⅰ.①亲… Ⅱ.①克…②吴… Ⅲ.①婚姻 - 家庭关系 - 通俗读物 Ⅳ.①C913.13-49

中国版本图书馆CIP数据核字（2021）第035749号

上架建议：心灵成长·两性情感

QINMI GUANXI: XUPIAN: WUJU-WUSHU DE GUANXI: QUANXIN XIUDING BAN
亲密关系：续篇：无拘无束的关系：全新修订版

作　　者：	[加]克里斯多福·孟	
译　　者：	吴　玲	
出 版 人：	陈新文	
责任编辑：	吕苗莉	
监　　制：	邢越超	
策划编辑：	李彩萍	
特约编辑：	万江寒	
校　　译：	蒋竹怡　林素梅	
特别鸣谢：	蒋颖琦	
营销支持：	文刀刀	
版式设计：	张丽娜	
封面设计：	利　锐	
出　　版：	湖南文艺出版社	
	（长沙市雨花区东二环一段508号　邮编：410014）	
网　　址：	www.hnwy.net	
印　　刷：	三河市中晟雅豪印务有限公司	
经　　销：	新华书店	
开　　本：	875mm×1270mm　1/32	
字　　数：	200千字	
印　　张：	8.5	
版　　次：	2021年4月第1版	
印　　次：	2025年10月第6次印刷	
书　　号：	ISBN 978-7-5726-0094-4	
定　　价：	49.80元	

若有质量问题，请致电质量监督电话：010-59096394

团购电话：010-59320018